Dr. med. Hermann Geesing

Heilfasten

Dr. med. Hermann Geesing

Heilfasten

Der Weg zur neuen Jugend

Unter Mitarbeit von
Dr. med. Thomas Adrian

3. völlig neugefaßte und aktualisierte Auflage

Herbig
Gesundheitsratgeber

Gedruckt auf chlorfrei gebleichtem Papier

3., völlig neugefaßte und aktualisierte Auflage 1993

Umschlag: Adolf Bachmann, Reischach
Satz: IBV Satz- und Datentechnik GmbH, Berlin
Gesetzt aus: 11/13 Punkt Optima auf Linotron 202
Druck und Binden: Jos. C. Huber KG, Dießen
Printed in Germany
ISBN 3-7766-1696-2

Inhalt

Zur Neufassung dieses Buches

Millionen Menschen fragen sich in unseren Tagen wenigstens einmal im Jahr, häufig sogar zwei- oder dreimal, mit welcher Diät sie am schnellsten und möglichst ohne großen Aufwand ihr Gewicht reduzieren können. Dabei verlassen sich viele auf marktschreierisch aufgemachte Empfehlungen in Zeitschriften und Illustrierten, die meistens auch noch allen ernährungswissenschaftlich gesicherten Erkenntnissen widersprechen. Solche Schlankheits-Diäten, die nichts mit einer gesunden Nahrungs-Reduzierung zu tun haben, sind großenteils nicht nur nutzlos, sondern teilweise sogar gefährlich. Sie können krank machen.

Es ist deshalb an der Zeit, daß sich der Fastenarzt zu Wort meldet. Mit einer Form des Fastens, die in erster Linie nicht auf die Gewichtsreduzierung abzielt, sondern der Wiederherstellung der Gesundheit dient: dem Heilfasten. Dabei wird die Ernährung nicht reduziert, sondern unter ärztlicher Führung für eine gewisse Zeit fast ganz eingestellt. Heilfasten ist aber nicht einfach eine Null-Diät, sondern, wie Sie in diesem Buch erfahren werden, ein Weg zur Erneuerung von Körper, Geist und Seele, die älteste, einfachste und natürlichste Heilmethode überhaupt. Daß dabei nebenbei auch das Gewicht deutlich reduziert wird, ist oft

eine willkommene und begrüßenswerte »Nebenwirkung«.
Als dieses Buch 1987 zum erstenmal erschien, hat es eine überraschend große Resonanz erfahren und nicht nur viele zehntausend begeisterte Leser gefunden, sondern auch Kritiker des Heilfastens auf den Plan gerufen. Inzwischen ist das Heilfasten sehr populär geworden. Gleichzeitig wurde viel Verwirrung gestiftet, einerseits mit Angriffen gegen diese Heilmethode, andererseits mit höchst gefährlichen Praktiken, etwa mit Alpenwanderungen der Fastenden ohne jegliche ärztliche Betreuung. Deshalb sah ich mich gezwungen, dieses Buch gründlich zu überarbeiten und auf den neuesten Stand zu bringen.
Erwarten Sie keine theoretisch-wissenschaftliche Erörterung der komplizierten Stoffwechselvorgänge und auch keine Abhandlung über das ordnende und heilende Eingreifen des Fastens in die biochemischen Vorgänge. Dieses Buch ist der Erfahrungsbericht eines Fastenarztes, der auf weit mehr als 50000 Heilfasten-Therapien zurückblickt, der selbst gut ein dutzendmal gefastet hat und deshalb weiß, wovon er spricht. Schon vor fast 40 Jahren bin ich zur Überzeugung gelangt, daß das Heilfasten zu den wirkungsvollsten Naturheilmethoden überhaupt gehört und weit mehr ist, als eine Therapie gegen Übergewicht und krankhafte Fettsucht. Dieser Eindruck hat sich im Laufe der Jahrzehnte mehr und mehr verstärkt: In vielen Fällen kann der Arzt wirklich nichts Besseres verordnen, als eben das Heilfasten – zumal wir heute in der Lage sind, diese uralte Heilmethode mit modernen medizinischen Möglichkeiten zu kombinieren und den Verlauf der Therapie genauestens zu überwachen. Damit wird dem Patienten das Beste zuteil, was die Heilkunst unserer Zeit anzubieten hat: die Erfahrung aus Jahrtausenden und die Errun-

genschaften der Medizin gegen Ende des 20. Jahrhunderts.
Das Heilfasten beugt nicht nur vorzeitigen organischen Alterungs- und Verschleißprozessen vor, sondern ist in vielen Fällen sogar in der Lage, im Sinne einer Heilung und »Reparatur« zu wirken und somit dem Patienten das Erlebnis zu vermitteln, wieder jünger geworden zu sein.
Dieses Buch wendet sich nicht nur an Übergewichtige, sondern an alle, die sich für ihre Gesundheit selbst verantwortlich fühlen, denen daran gelegen ist, nicht leichtfertig abzuwarten, bis sich eine Krankheit meldet, sondern die bereit sind, vorher etwas zu unternehmen, um die Gesundheit zu erhalten und zu festigen. Es spricht aber auch kranke Menschen an, vor allem chronisch Leidende, die erfahren möchten, ob und wie ihnen das Heilfasten möglicherweise helfen könnte.
Der Leser erfährt, wie das Heilfasten unter sachkundiger ärztlicher Leitung durchgeführt wird, was er dabei zu erwarten hat, wann ein Heilfasten angezeigt sein könnte, was damit zu erreichen ist – und wie schonend, aber nicht minder wirksam im Grunde diese Heilmethode ist. Das Buch zeigt den richtigen Weg zum Fasten – und zur Erhaltung der jugendlichen Aktivität und Spannkraft.
Heilfasten – das ist die Operation ohne Skalpell, feinste, gezielte Mikrochirurgie, vom Körper selbst durchgeführt. Sie verletzt nicht, läßt kein Blut fließen. Sie beseitigt das Schlechte, Kranke, Schädliche – und stärkt und heilt das Gesunde.
Wo könnte die Heilkunst mehr versprechen?

Dr. med. Hermann Geesing

Warum das Fasten heute so wichtig ist

Mehr als zwei Drittel aller Krankheiten gehen in unseren Tagen zurück auf eine falsche, meistens zu üppige Ernährung. Zwei von drei Menschen in hochentwickelten Ländern sind übergewichtig. Sie verkürzen damit ihre Lebenserwartung und leiden an Krankheiten, die es in den sogenannten schlechten Zeiten kaum oder sogar überhaupt nicht gegeben hat. Das ist alarmierend.
Schon vor Jahrtausenden plagten sich die Menschen mit ganz ähnlichen Problemen herum. Die Ärzte zur Zeit der Pharaonen wußten: »Der Mensch lebt von einem Viertel seiner Nahrung. Von den restlichen drei Vierteln leben die Ärzte.« Das klingt unglaublich modern – und findet, allerdings mit anderen Schwerpunkten, auch heute noch oft genug seine Bestätigung.
Vor fünftausend Jahren galt wie heute: Wer in einem gewissen Überfluß lebt und es sich leisten kann, der gerät geradezu automatisch in die Gefahr, zu gut, zu viel und dann auch noch das Falsche zu essen. Nicht weil er unbeherrscht oder gar süchtig wäre. Auch das kann vorkommen. Es ist aber nicht der Regelfall. Es wäre deshalb auch voreilig und leichtfertig, von Unbeherrschtheit oder gar von Schuld zu sprechen. Die Zusammenhänge sind wesentlich komplizierter. Wir essen nicht nur deshalb zuviel,

weil es uns zu gut schmeckt und wir nicht rechtzeitig Messer und Gabel zur Seite legen können. Eine gesunde Ernährung besteht auch nicht im unentwegten Verzichten-Müssen – genau auf die Speisen, die unser Gaumen als besonders köstlich empfindet. Wir essen, weil sich unser Körper mit sehr nachdrücklichen Signalen meldet und Nahrung fordert. Doch diese Signale sind weithin fehlgeleitet oder werden von uns falsch verstanden.

Im Gegensatz zu den alten Ägyptern brauchen wir heute deutlich weniger Speisen zu uns zu nehmen, weil die körperlichen Anstrengungen auf einen Bruchteil damaliger Muskelleistungen zusammengeschrumpft sind. Die große Befreiung in dieser Hinsicht hat aber erst vor etwa hundert Jahren begonnen, als die Maschinen anfingen, uns die schwierigsten Handgriffe abzunehmen. Unser Organismus, seit Jahrmillionen auf Not, Entbehrung, Hunger, schwere Arbeit programmiert, kann sich in der kurzen Zeit auf die leichteren Lebensbedingungen nicht eingestellt haben.

Das wissen vor allem jene Menschen unter uns, die noch die Hungerjahre der ersten Nachkriegszeit miterlebt haben: Unser Körper war nach der schweren Zeit überaus gierig nach Nahrung. In dem Bemühen, einer neuen Hungerperiode gewappnet begegnen zu können, hat er alles, was er bekommen konnte, noch sorgfältiger als sonst gehortet. Die Menschen in unserer Heimat sind dementsprechend in kürzester Zeit aus allen Nähten geplatzt. Und nicht nur jene, die maßlos geschlemmt haben. Nahezu alle. Das war ganz natürlich: So mußte ein gesunder Organismus aufgrund der bitteren Erfahrungen in Jahrmillionen reagieren, denn gute und schlechte Zeiten haben pausenlos einander abgewechselt.

Diese Erfahrung steckt noch immer in uns. Nicht unbe-

dingt in unserem Kopf, sondern weit stärker in den Regelzentralen unseres Körpers und in jeder einzelnen unserer vielen Milliarden Körperzellen. Es mag uns noch so gutgehen. Die Angst vor Notzeiten wird unser Körper nicht los. Wir haben sie geerbt und geben sie weiter. Mancher Hunger und mancher Appetit hat sicherlich nur mit dieser unbewußten Angst zu tun.
Die Essensmengen sind seit Jahrtausenden in etwa gleich geblieben, der Bedarf an Nahrung dagegen ist drastisch abgesunken. Somit entsteht Tag für Tag, Stunde für Stunde ein Ungleichgewicht zwischen Angebot und Verbrauch. Unser Körper hat keine andere Wahl. Er muß das Überangebot irgendwie verkraften. Wer regelmäßig täglich auch nur 100 Kalorien zuviel verspeist, der hat in einem einzigen Jahr 36500 Kalorien angehäuft. So einfach ist die Rechnung. Gesund ist die Ernährung, bei der Angebot und Bedarf einander entsprechen.

Der Organismus lernt aus Erfahrung

Wer nun aber in ebenso regelmäßigen Abständen versucht, mit einer Schlankheitsdiät sein Körpergewicht zu reduzieren, der macht genau dieselbe Erfahrung wie die der Menschen nach den Weltkriegen: Der Körper, der auf Schmalkost gesetzt wurde, wartet nur auf den Zeitpunkt, in dem er sich das, was ihm entzogen wurde, so schnell wie möglich wieder zulegen kann. Mit jeder neuen Diät läuft dieser »Wiederaufholungsprozeß« noch schneller ab, weil der Körper »hinzugelernt« hat. Der Organismus aber, der dem mörderischen Spiel zwischen Aufrüsten und Abspekken ausgesetzt ist, leidet schließlich besonders heftig und wird krank. Es wäre tatsächlich sogar besser, sich mit ein paar Pfunden zuviel abzufinden, als dieses Schaukeln mitzumachen.

Damit ist aber die Frage nach der großen Bedeutung des Heilfastens noch längst nicht erschöpft. Beim Heilfasten geht es ja in erster Linie nicht um das Schlankwerden, wenngleich dies ein sehr wichtiger Nebeneffekt ist. Nach dem Heilfasten erleben wir entsprechend auch nicht den drastischen »Wiederaufholprozeß« des Körpers, weil eben nicht nur gehungert wurde, weil sich der Körper nicht bei karger Kost nach der Fülle gesehnt hat, sondern weil sich der Fastende in seiner Gesamtheit, mit Leib und Seele, in den Wochen der freiwilligen, unbeschwerlichen Enthaltsamkeit erneuert hat – im wahrsten Sinn des Wortes. Er hat im Fasten nicht nur überflüssige Pfunde abgegeben, sondern er wurde »neu eingestellt«.

Denken Sie an Ihr Auto, das in einer General-Inspektion gewartet wird. Der Mechaniker läßt nicht nur verbrauchtes und mit Rückständen verschmutztes Öl ab, er ersetzt nicht nur alt und müde gewordene Teile des Motors, des Getriebes, etwa die Zündkerzen, Filter, verschmorte elektrische Kabel. Er reguliert auch zugleich alle Funktionen. Er stellt die Zündung neu ein, überprüft die Kompression, kontrolliert die elektronischen Steuerungen, die Funktion der Bremsen. Ihr Wagen wird erst wieder freigegeben, wenn er wieder schnurrt, als wäre er neu.

Beim Heilfasten geschieht Ähnliches. Und darin liegt die große Bedeutung dieser natürlichen Therapie, die auch jedes Tier in freier Wildbahn anwendet, wenn es sich unwohl fühlt: Durch den nahezu vollständigen Nahrungsentzug wird der Organismus in die Lage versetzt, eine General-Inspektion vorzunehmen. Er reinigt sich von allem, was überflüssig und krank ist. Er stellt die Funktionen neu ein, damit die Stoffwechselprozesse wieder gesund aufeinander abgestimmt sind. Er kümmert sich dabei nicht nur um die Verdauungsorgane, sondern um alle Organe und Drüsen, um das Immunsystem und das Nervensystem. Nicht zuletzt wird während des Fastens eine Feinabstimmung zwischen Seele, Nervensystem und Organfunktionen vorgenommen. Nichts bleibt außer acht. Das ist etwas vollkommen anderes als eine Schlankheitskur.

Schadstoffe in »leerer« Kost

In unseren Tagen gewinnt diese wunderbare Heilmethode vor allem aus zwei Gründen so enorm an Bedeutung: Zum einen ist unsere Nahrung immer mehr mit Zusatzstoffen versehen, die für den Körper eine große Belastung darstellen. Farb- und Konservierungsstoffe, Rückstände aus der Düngung und der Schädlingsbekämpfung, Schwermetalle und andere Schadstoffe geraten über den Boden, die Pflanzen, die Milch, das Fleisch in unseren Körper und lagern sich dort ab. Schließlich sind unsere Nahrungsmittel auch noch mit Medikamenten, Hormonen und radioaktiven Strahlen belastet. Man könnte angesichts dieser katastrophalen Situation verzweifeln. Glücklicherweise ist unser menschlicher Organismus in der Lage, weit mehr zu verkraften, zu korrigieren und zu eliminieren, als wir ihm überhaupt zutrauen. Nur: Irgendwo ist natürlich eine Grenze.

Er könnte sich noch sehr viel wirksamer gegen alle Belastungen behaupten, wäre unsere Nahrung wenigstens noch einigermaßen natürlich, lebendig und somit ausgerüstet mit den wichtigsten Vitalstoffen, die die Natur uns anbietet. Doch sie fehlen heute in der überwiegenden Masse unserer Lebensmittel. Sie sind »herausgezogen«, durch vielfache Bearbeitung der Vitamine, Enzyme, Spurenelemente, Mineralstoffe beraubt. Und das, obwohl die ausgelaugten Böden unserer Äcker uns schon lange nicht mehr ausreichend mit Vitalstoffen versorgen können. Die Belastung der Nahrungsmittel mit Schadstoffen und Giften auf der einen Seite und der Qualitätsverlust der Lebensmittel auf der anderen Seite verlangen, daß unser Körper weit häufiger als in früheren Zeiten die Möglichkeit findet, sich zu erneuern. Es gibt sicherlich keine Heilmethode, die besser dazu geeignet wäre als das Heilfasten.

Mörderische Lebensweise

Zum anderen – das ist der zweite Grund, der das Heilfasten so wichtig macht – ist unsere Lebensweise mörderisch hektisch geworden. Wir dürfen dabei nicht nur an den übermäßigen Streß denken, der die Heil- und »Aufräumvorgänge« in unserem Körper behindert. Sondern auch an die übertriebene Besorgnis, vielerlei Ängste, maßlosen Ehrgeiz, nicht zuletzt die Überfülle von Eindrücken und Erlebnissen, die pausenlos auf uns eintrommeln, Gemütsregungen auslösen und damit ganz direkt auf die Körperfunktionen einwirken. Man muß sich wundern, daß es nicht noch viel mehr ernsthaft kranke Menschen gibt. Denn wir bringen mit dieser Lebensweise nicht nur die Verdauungsarbeiten völlig durcheinander, belasten das Herz und den Kreislauf weit über die Grenzen des Erträglichen hinaus. Wir legen zugleich auch unser Immunsystem lahm, so daß es nicht mehr dazu kommt, seine vielfältigen Funktionen durchzuführen. Die Folgen sind akute Infektionen, mit der Zeit dann aber auch chronische Leiden.
Treffen nun übermäßige Ernährung und übermäßige Streß-

belastungen zusammen, was heute weithin tatsächlich der Fall ist, dann wird ein Teufelskreis in Bewegung gesetzt, der kaum mehr zu stoppen ist, hat er sich erst einmal zu drehen begonnen. Genau in diesem Kreis aber werden wir alle mehr oder weniger heftig herumgewirbelt. Mit irgendwelchen Maßnahmen so nebenbei, mit ein paar Pillen hier und einer gelegentlichen Therapie dort ist ihm nicht beizukommen. Heraus findet nur, wer bereit ist, beherzt vom Karussell herunterzuspringen, um innezuhalten. Das bedeutet aber: Zu dem ganzen Wirbel der beruflichen und privaten Sorgen muß Abstand gefunden werden. Wer heilfasten will, der muß für wenigstens drei Wochen »aussteigen«. Seele, Geist und Körper müssen gleicherweise entlastet werden, damit Besinnung einkehren kann.
Das ist auch der Grund dafür, warum man nicht zu Hause, nicht neben der Arbeit, nicht in gewohnter, belastender Umgebung fasten soll: Es würde wenig nützen, wollte man nur dem Körper die Nahrung entziehen. Ebenso frei gemacht werden muß der Kopf. Und ebenso Ruhe finden muß die Seele, damit gleichzeitig die zermürbenden Konflikte einer Lösung zugeführt werden können und die Lebensweise auf gesund umgestellt wird. Wer sich drei Wochen lang einer Heilfasten-Therapie unterzogen hat, kehrt mit einer völlig neuen Einstellung zum Essen nach Hause zurück. Mit einem verfeinerten Geschmacksempfinden.
Er hat aber zugleich eine neue Einstellung gefunden zu seiner Familie, zu seinem Beruf, zu Pflichten und Aufgaben. Angehörige versichern uns Ärzten immer wieder: »Unglaublich, aber in den wenigen Tagen ist unser Vater ein völlig neuer Mensch geworden.« Oder auch: »Wir erkennen unsere Tochter nicht wieder. Sie ist ausgeglichen und heiter, als gäbe es überhaupt keine Probleme mehr.«
Das ist das eigentliche Geheimnis des Heilfastens: Die The-

rapie wirkt nicht nur auf das eine oder andere Organ, auf bestimmte Körperfunktionen oder auch auf den Organismus insgesamt. Der ganze Mensch mit Körper, Geist und Seele steht auf dem Prüfstand. Wenn er heimkehrt, ist er rundum erholt. Er stürzt sich nicht mehr in sinnlose Aktivitäten und rennt nicht mehr kopflos Nichtigkeiten nach. Er läßt sich nicht mehr so leicht aus der Bahn werfen, sondern ist stabil geworden. In jeglicher Beziehung.

Das Heilfasten ist die Ganzheits-Therapie schlechthin. Sie wäre selbst dann sinnvoll und wünschenswert, wenn es die modernen Belastungen nicht gäbe, wenn wir uns vernünftig und maßvoll ernähren und auf gesunde Weise Streß abbauen würden. Der Mensch braucht Momente der Entlastung, damit er sich über den Sinn des Lebens, über die Richtung seiner Ziele, über die Art seiner Lebensgestaltung klar wird – und immer wieder eine Chance bekommt, ganz von vorne zu beginnen. In voller, lebendiger Gesundheit.

Die älteste und natürlichste Heilmethode

»Wer aus freien Stücken Gutes tut, dem soll Gutes werden. Daß ihr fastet, ist für euch selbst bekömmlich, wenn ihr es begreift...« (Koran 2,180)
Ob der Prophet Mohammed mit diesen weisen Sätzen jemals richtig verstanden wurde?
Seit vielen Jahrtausenden schreiben ziemlich alle Religionen der Welt ihren Gläubigen mehr oder weniger strenge Fastenzeiten vor. Der junge Indianer, der sich den Initiationsriten unterwarf, um damit in seinen Stamm aufgenommen zu werden, mußte ebenso fasten wie ein Buddhist, der Eintritt in ein Kloster erbat. Schon die Ägypter der Pharaonen hatten ihre festgesetzten Fastentage vor Festen. Bei besonderen Anlässen fasteten sie sehr streng bis zu 42 Tagen. Manche Völker, dazu gehörten Perser und Juden, ließen sogar ihre Soldaten vor großen Schlachten fasten.
Die Taufkandidaten der jungen Christenheit fasteten, bevor sie in die Kirche aufgenommen wurden. Seit Anfang des 7. Jahrhunderts mußte die Fastenzeit zwischen Aschermittwoch und Ostern überaus strikt eingehalten werden.
Warum das alles? Wollten die Kirchen immer wieder nur ihre Macht demonstrieren? Waren hier Sadisten am Werk, die alles daransetzten, den kleinen Mann so richtig zu schikanieren? War das Fasten sozusagen ein Mittel zum Trai-

ning, zur Stärkung des Willens: Du mußt lernen, verzichten zu können? Oder was steckte ursprünglich wirklich dahinter?

Vom Mitleidheischen zur Therapie

Im Alten Testament wird uns im Buch des Propheten Sacharja ein interessanter Einblick in solche Fragen gegeben.
Wenn die alten Juden fasteten, dann war das für sie kein Willenstraining und kein Heilversuch – sondern ein Akt absoluter Demut vor ihrem Gott: Wenn sie auf irgendeine Weise Verfehlungen begangen hatten, wenn sie vom Unglück heimgesucht wurden, was für sie gar der Beweis für eine Versündigung war, dann zerrissen sie ihre Kleider, schoren sich die Haare vom Kopf, streuten Asche über ihr Haupt und warfen sich laut weinend und voller Verzweiflung in den Straßendreck. Mit diesem Bild unüberbietbarer Armseligkeit hofften sie, bei Gott Mitleid erwecken zu können.
Eigentliche Fastenzeiten über Tage und Wochen sind erst während der babylonischen Gefangenschaft (597–538) als Sühne und Opfer festgesetzt worden.
Nun erzählt der Prophet Sacharja: Nachdem die Juden in ihr Land heimgekehrt waren und sich daranmachten, Jerusalem und den Tempel wiederaufzubauen, tauchte die Frage auf: Wie ist das nun mit den Fastenzeiten? Soll ich weiterhin im fünften Monat weinen und enthaltsam sein, wie ich es so viele Jahre getan habe? Sacharja bekam von Gott den Auftrag, seinem Volk zu sagen: »Ihr habt gefastet und Klage abgehalten im fünften und im siebten Monat, und das siebzig Jahre lang, aber bin ich es, für den ihr so streng gefastet habt? Und wenn ihr eßt und trinkt, eßt ihr

dann nicht für euch und trinkt ihr nicht für euch?« (Sacharja, 7,5 ff.) Und es folgt der Hinweis, wer anderen etwas Gutes zukommen lassen will, der soll gerecht sein, Erbarmen zeigen, Witwen und Kinder nicht unterdrücken und in seinem Herzen gegen keinen etwas Böses planen. Erstaunlich, nicht? Zumindest die Art des Fastens, wie sie damals im Vorderen Orient gebräuchlich war, scheint bei Gott nicht gerade in hohem Ansehen gestanden zu haben. Er lehnte sie ab. Ebenso sagte später Jesus: »Wenn ihr fastet, macht kein finsteres Gesicht wie die Heuchler. Sie geben sich ein trübseliges Aussehen, damit die Leute merken, daß sie fasten. Amen, amen, ich sage euch: Sie haben ihren Lohn bereits erhalten. Du aber salbe dein Haar, wenn du fastest, und wasche dein Gesicht, damit die Leute nicht merken, daß du fastest.« (Matthäus 6,16 ff.) Damit ist aber bereits das Wichtigste über das rechte Fasten gesagt:

- Fasten darf kein Mitleidheischen sein, in erster Linie auch kein Opfer, eher schon eine Form des Willenstrainings. Der eigentliche Wert des Fastens liegt aber seit jeher in seiner Heilkraft. Fasten ist die älteste natürlichste Heilmethode. Es macht nicht schwach und erbärmlich, sondern im Gegenteil stark und gesund. Es schenkt neue Lebenskraft und neuen Lebensmut. Wer fastet, der tut also sich selbst etwas besonders Gutes.
- Fasten hat nur einen Sinn und kann nur segensreich werden, wenn es eben nicht mit düsterer, verbiesterter Miene, mit Klagen und Jammern verbunden ist, sondern mit einer durch und durch positiven Einstellung, mit Freude und Heiterkeit. In diesem Sinne haben sich die ganz Großen der Weltgeschichte vor ihrem eigentlichen großen Auftritt durch Fasten vorbereitet: Sie suchten die Abgeschiedenheit, verzichteten auf jegliche Nahrung – weil sie wußten, daß sie damit außergewöhnliche Konzen-

trationsfähigkeit, Klarheit der Gedanken, besondere Tiefe der Überlegungen, und Frische der Körperkräfte erreichen können.
Um nur zwei Beispiele zu nennen: Moses verfaßte die Zehn Gebote in der steinigen Bergeinsamkeit des Horeb: »Moses blieb dort beim Herrn vierzig Tage und vierzig Nächte. Er aß kein Brot und trank kein Wasser. Er schrieb die Worte des Bundes, die Zehn Worte auf Tafeln« (Exodus 34,28).
In gleicher Weise zog sich Jesus vor seinem ersten öffentlichen Auftritt, vor der Verkündigung des Evangeliums, in die Wüste zurück: »Dann wurde Jesus vom Geist in die Wüste geführt. Dort sollte er vom Teufel in die Versuchung geführt werden. Als er vierzig Tage und vierzig Nächte gefastet hatte, bekam er Hunger. Da trat der Versucher an ihn heran...« (Matthäus 4,1 ff.).
Als Fastenarzt kann ich zu den beiden biblischen Berichten, die man gerne als »Märchen« abgetan hat, nur sagen: Selbstverständlich ist Moses nicht 40 Tage ohne Wasser ausgekommen. Ohne feste Nahrung kann der Mensch so lange – und noch viel länger – leben, aber nicht ohne Wasser. Trotzdem kann die Schilderung den Tatsachen entsprechen. Es ist anzunehmen, daß Moses zwar kein Brot und kein Wasser zu sich genommen hat, dafür aber Früchte, Beeren, Kräuter, Wurzeln verspeiste, die den Flüssigkeitsbedarf deckten. So tun es auch manche Tiere, die in der wasserlosen Wüste leben.
Beide Bibelstellen zeigen sehr deutlich, daß das Fasten eben sehr viel mehr ist als der völlige Verzicht auf Speisen. Es kommt der Rückzug in die Wüste hinzu; die Absonderung vom normalen Alltag, von den vertrauten Menschen, von der sonst üblichen Geschäftigkeit. Der Fastende lebt in der Einsamkeit, die keine Zerstreuung, keine Ablenkung,

keine »Unterhaltung« bietet. Im Grunde existiert um ihn herum nichts mehr. Er ist mit sich allein. Und genau darauf kommt es an. Das zeigen die Ergebnisse: Moses hat in der Felsenöde des Berges Sinai die Zehn Gebote, das Gesetz geschaffen, das eine neue Qualität des Zusammenlebens ermöglichte. Jesus verkündete in der Wüste sein Gebot der Liebe, die Bergpredigt. Erst nach dem Fasten trat er öffentlich als Messias auf.

Der griechische Arzt am römischen Kaiserhof, Galenos (130–205), hat vor 2000 Jahren schon eine medizinische Erklärung für die Notwendigkeit des Heilfastens zu geben versucht. Er sagte: »Die Seele wird durch zuviel Blut und Fett erstickt und ist dann nicht fähig, göttliche und himmlische Dinge einzusehen und zu beurteilen.«

Der Kirchenvater Athanasius (295–373), einer der Väter des christlichen Mönchtums, sprach zweifellos aus eigener Erfahrung: »Das Fasten heilt die Krankheiten, trocknet die überschüssigen Säfte im Körper aus, vertreibt die bösen Geister, verscheucht verkehrte Gedanken, gibt dem Geist größere Klarheit, macht das Herz rein, heiligt den Leib und führt schließlich den Menschen vor den Thron Gottes. Glaube nicht, ich hätte das ohne Überlegung gesagt. Im Evangelium hast du einen Beweis dafür aus dem Mund des Heilandes. Als die Jünger ihn fragten, wie die unreinen Geister ausgetrieben werden, antwortete der Herr: Diese Art wird nur ausgetrieben durch Gebet und Fasten. Wer also von einem unreinen Geist geplagt wird und, sobald er es merkt, sogleich dieses Heilmittel, das Fasten, anwendet, von dem wird der böse Geist sofort fliehen aus Furcht vor der Kraft des Fastens.«

Wie immer man zu solchen Aussagen und Vorstellungen stehen mag: Sie machen allesamt deutlich, und das allein ist wichtig, daß Fasten schon immer als Heilmethode und

als Möglichkeit zur Steigerung der eigenen Kräfte verstanden wurde. Das war in der Bibel so, im Koran, in buddhistischen Schriften: Fasten macht frei. Im Fasten entfalten sich erst die schönsten Talente. Durch das Fasten kann ein kranker Mensch wieder gesund werden, angelehnt an den verstorbenen Psychoanalytiker Karlfried Graf Dürckheim könnte man auch hier sagen: mit seinem Körper, den er hat, mit seinem Leib, der er ist.
Durch Jahrtausende hindurch ist das so verstanden worden. Vor allem im Mittelalter haben Kirchen und Ärzte gleichermaßen auf die große Bedeutung des Fastens hingewiesen. Paracelsus beispielsweise empfahl immer wieder den monatlichen Fastentag, an dem nichts anderes gegessen werden sollte als zwei, drei Äpfel, nichts getrunken außer frischem Quellwasser. Solche »Reinigungskuren« wurden aber keineswegs nur den zu dicken Menschen oder den gesunden, zu üppig lebenden empfohlen, sondern ganz speziell auch Kranken. Mit dem Heraufdämmern der Neuzeit, mit dem Aufkommen moderner Naturwissenschaften und dem Verlust der Gläubigkeit gingen die Kirchen dazu über, die Fastengesetze mehr und mehr zu lockern. Dies geschah wohl nicht zuletzt deswegen, weil man den eigentlichen Sinn des Fastens nicht mehr sehen wollte.

Die Wiederentdeckung der Heilkraft Fasten

Genau zu diesem Zeitpunkt, ziemlich exakt vor hundert Jahren, als das Fasten als religiöses Gebot der Aufweichung verfiel, entdeckten die Ärzte die Heilkraft des Fastens ganz neu. Und das eigentlich mehr oder weniger zufällig. Zugleich wurde aber ohne Zweifel dabei auch ein Protest gegen die damalige offizielle »Schulmedizin« deutlich, die in gewisser Euphorie glaubte, es wäre dank empirischer naturwissenschaftlicher Methoden nun alles in der Medizin »machbar« geworden. Selbstverständlich konnte jene neue Medizin wunderbare Erfolge verbuchen. Niemand will das bestreiten oder schmälern. Letztlich aber hat sie doch, bis in unsere Tage hinein, den wichtigsten Punkt aller Heilkunst völlig übersehen: die körpereigenen Heilkräfte.

Der amerikanische Arzt Dr. E. H. Dewey aus Meadville in Pennsylvania behandelte ein junges Mädchen. Es litt an infektiösen Verdauungsstörungen – und bekam nun auch noch Typhus dazu. Der Fall schien hoffnungslos, denn die Patientin mußte sofort und sehr heftig alles erbrechen, was man ihr zum Essen reichte. Nur winzige Mengen Wasser behielt sie bei sich.

Da kam Dr. Dewey auf eine zunächst höchst sonderbar anmutende Idee: Er beschloß, das Mädchen sich selbst zu überlassen! Damit gab er es natürlich nicht auf. Er sagte sich ganz einfach: Der Körper muß sich selbst helfen. Er kann es. Und das »Wunder« geschah: Obwohl das Mädchen keinen Bissen mehr aß – 35 Tage lang nicht! – wurde es täglich kräftiger – und schließlich völlig gesund. Es hatte in dieser Zeit nur von Wasser gelebt.

Dr. Dewey schilderte das so: »Als ich von Tag zu Tag bemerkte, daß sich das Befinden meiner kleinen Patientin besserte, war ich darüber so erstaunt, daß ich sofort beschloß, es ruhig fortdauern zu lassen und alles der Natur anheimzustellen. Und so ging es weiter bis zum 35. Tag, an dem nicht der Sarg, sondern etwas zu essen bestellt wurde. Und damit war das Ende der Krankheit erreicht. Puls und Temperatur waren normal, und die Zunge war so rein wie die eines Säuglings!«

Diese Heilung mittels Heilfasten ereignete sich im Jahre 1878. Sie wurde als Riesensensation empfunden, hatte man doch mittlerweile das Fasten als Heilmethode völlig vergessen. Außerdem galt damals entsprechend den Erfahrungen mit Menschen, die verhungert waren, als wissenschaftlich gesichert, daß niemand über Wochen ganz ohne Nahrung leben könnte. Die Erzählungen über 40tägiges Fasten in der Bibel hielt man, wie bereits erwähnt, für ein Märchen.

Zwei Jahre nach Dr. Deweys Erfolg mit dem typhuskranken Mädchen erklärte sich sein Kollege Dr. Tanner bereit, unter Aufsicht eines Ärztekollegiums im United States Medical College 40 Tage lang auf jede Nahrung zu verzichten, um damit den Beweis zu erbringen, daß ein absolutes Fasten über vier, fünf Wochen völlig ungefährlich sei. Die Zeitungen der ganzen Welt berichteten seinerzeit so ausführlich über dieses aufregend spannende »medizinische Experiment«, daß so gut wie alle Daten über die Fastenkur Dr. Tanners erhalten sind.

Auch deutsche Zeitungen unterrichteten ihre Leser täglich über den Zustand des hungernden Arztes. Sein Fasten begann am 28. Juni 1880, 12 Uhr mittags. Dr. Tanner wog zu diesem Zeitpunkt 71,4 Kilogramm. Er war 1,60 Meter groß, hatte einen Puls von 88, eine Körpertemperatur von 37 Grad. So genau wurde das registriert! In den ersten Wochen verlief alles programmgemäß, Dr. Tanner hielt sich im Krankenzimmer auf, verschaffte sich täglich eine halbe Stunde Bewegung und widmete sich ansonsten wissenschaftlichen Büchern.

Am 25. Fastentag aber trat eine bedrohliche Wende ein. Dr. Tanner wurde reizbar und begann, über Übelkeit zu klagen. Er mußte Galle erbrechen und fühlte sich recht elend. Es sah aus, als müßte das Experiment abgebrochen

werden. Doch Dr. Tanner ersetzte das normale Trinkwasser durch Mineralwasser und erholte sich wieder. Er hielt die 40 Tage durch, nahm dabei 16,3 Kilogramm Gewicht ab – und heilte so nebenbei eine Verdauungsstörung.
Damit war das Thema Heilfasten wieder aktuell. Und jetzt machten sich Ärzte in aller Welt daran, eine Systematik in das Fasten zu bringen, aus dem Fasten eine anwendbare, praktische Therapie zu machen. Dabei haben sich vor allem deutsche Mediziner hervorgetan: 1901 erschien das Buch des bayerischen Arztes Dr. Adolf Mayer: »Hungerkuren – Wunderkuren«. Wenig später überraschte der Freiburger Arzt Dr. Gustav Riedlin mit überzeugenden Heilfasten-Erfolgen. Er war es auch, der den Begriff geprägt hat: Fasten ist die Operation ohne Messer. Ich werde später darauf eingehen, wie richtig diese Aussage tatsächlich ist.
Eigentlich müßte noch gut ein halbes Dutzend weiterer Namen genannt werden – Ärzte, die zu den Pionieren des Heilfastens wurden. Meistens waren es Praktiker, Männer, die gewissenhaft und sorgfältig Fakten sammelten, die ihre Patienten sehr genau kannten und mit großer Sachkenntnis und mit viel innerer Zuwendung zu führen verstanden. Sie entwickelten die verschiedensten Fastenmethoden. Beispielsweise die sogenannte »Guelpa-Methode«, ein rhythmisches Fasten, verbunden mit reichlichem Gebrauch von Abführmitteln (Glaubersalz). Dieses Fasten wurde nach wenigen Tagen immer wieder für eine Woche unterbrochen, in der gesund und ausreichend gespeist werden durfte. Auch die »Schrothkur« ist in diesem Zusammenhang zu erwähnen.

Mein Lehrer Dr. Otto Buchinger

Die heute übliche Form des Heilfastens ist dem Arzt zu verdanken, der wohl am meisten für das Heilfasten getan – und erreicht hat: Dr. Otto Buchinger senior. Auch er kam nicht aufgrund irgendwelcher theoretischer Überlegungen oder philosophischer Schlußfolgerungen zum Heilfasten – sondern in ganz persönlicher, praktischer Erfahrung.

In seinem Buch »Das Heilfasten« schildert Otto Buchinger sein Hinfinden zum Fasten so: »Von allen natürlichen Heilmitteln hat mir doch bisher den größten Eindruck das Fasten gemacht... Wie es so häufig im Leben der Fall ist: Auch ich bin durch eigenes, schweres Leiden erst zum Fasten gekommen. Nach einer lakunären Mandelentzündung gegen Ende des Krieges (1918) erkrankte ich an einem gefährlichen akuten Gelenkrheumatismus mit septischer Fieberkurve, der nach zwei Monaten in eine übel aussehende chronische Form überging, mit Muskelschwund, vergrößerter Leber und einer immer wiederkehrenden Gallenblasenentzündung. Die Prognose des ersten Wiesbadener Facharztes war einfach vernichtend, und ich schlich und hinkte einer recht traurigen Zukunft entgegen. Da versuchte ich denn, alle ordentlichen vorgeschriebenen Bahnen verlassend, das Äußerste. Auf den Rat eines Laien (!), eines befreundeten älteren Seeoffiziers, machte ich ein strenges Dreiwochen-Fasten durch, in Freiburg, bei Gustav Riedlin, dem Nestor der deutschen Fastenärzte. Eine gewaltige Umstimmung trat ein. Die Glieder wurden frei. Aber die Gallenanfälle hörten noch immer nicht auf. Eine zweite Fastenkur von vier Wochen, in Dresden, bei Siegfried Möller, hatte den Erfolg, daß nach einer fünf Minuten dauernden, sehr heftigen Gallenkolik die alten Leberbeschwerden für immer aufhörten. Seitdem bin ich

stets gesund und arbeitsfähig geblieben. Aber jedes zweite Jahr faste ich ›meine‹ zwei, drei Wochen.«
Dr. Buchinger, im Ersten Weltkrieg Generalarzt der Marine, war 1918 gerade 40 Jahre alt. Vater von vier Kindern. Seine chronische Arthrose nach der Mandelinfektion war so schlimm gewesen, daß man ihn vorzeitig in Pension geschickt hatte. Nach seiner Wiederherstellung dank der Heilfastenkur hat er zwischen 1919 und 1966 in seiner Klinik in Bad Pyrmont rund 40000 Fastenkuren geleitet, ehe er 88jährig starb.
Von Dr. Otto Buchinger, meinem verehrten Lehrer und meinem großen Vorbild, habe ich die heilende, erneuernde und stabilisierende Wirkung des Fastens kennengelernt. Unter seiner Leitung habe ich selbst zum erstenmal das Heilfasten erprobt. Inzwischen sind unter meiner Leitung rund 50000 Heilfastenkuren durchgeführt worden. Dabei hatte ich immer den Leitsatz Dr. Buchingers vor Augen, den er über sein ärztliches Wissen gesetzt hatte: »Den größten Wert muß man in der ganzen (Heil-)Kunst darauf legen, daß man den Kranken gesund macht. Kann man ihn auf viele Arten gesund machen, so muß man die am wenigsten umständliche wählen. Denn nichts ist für einen Mann ehrenwerter, nichts der Kunst mehr entsprechend, als wenn er nicht darauf ausgeht, der großen Menge etwas vorzumachen.« (Corpus hippocraticum)
Wie Dr. Buchinger bin ich immer der Meinung gewesen: Alle Achtung vor den großen Errungenschaften der modernen Medizin, vor der Unfallchirurgie, vor lebensrettenden Medikamenten wie Antibiotika und Sulfonamiden, vor Impfungen gegen tödliche Seuchen und vor der beträchtlich verbesserten Erkennung von Krankheiten dank neuer diagnostischer Hilfsmittel. All dies können – und wollen – wir nicht mehr missen. Aber: Nicht zuletzt die Gesund-

heitsmisere unserer Tage zwingt uns, verstärkt zu den einfachen, »am wenigsten umständlichen« Heilmitteln und Heilmethoden zurückzufinden und mit ihrer Hilfe dafür zu sorgen, daß die »schweren Geschütze« der Medizin, die zwangsläufig mit erheblichen Nebenwirkungen behaftet sind, erst gar nicht notwendig werden.
Das Fasten als Heilmethode ist nach vielen Jahrtausenden der Anwendung nicht überholt – sondern äußerst aktuell. Gerade in einer Zeit, in der keiner mehr weiß, was man überhaupt noch unbedenklich zu sich nehmen darf, was nicht vergiftet, mit Schadstoffen behaftet, nicht strahlenbelastet ist, gerade heute kann man sich selbst nichts Besseres antun als Heilfasten: Der Organismus bleibt nicht nur über Tage und Wochen von neuen Belastungen verschont – er findet, wie ich noch zeigen werde, endlich Zeit, alte Belastungen abzuwerfen, entstandene Schäden zu reparieren und sich so aufzufrischen, daß er danach neuen Belastungen weit besser gewachsen ist.
Nur ein grundlegendes Mißverständnis sei vorab noch beseitigt: Sowenig Heilfasten mit Hungern gleichgesetzt werden darf, so falsch wäre es, diese Naturheilmethode einfach mit der sogenannten Null-Diät oder mit anderen Schlankheitskuren in einen Topf zu werfen. Wer beim Heilfasten nur auf die Gewichtsreduzierung abzielen wollte, der würde Sinn und Wert dieser Therapie deutlich verkennen. Selbstverständlich ist es eine feine Sache, daß beim Heilfasten zugleich »abgespeckt« wird. Doch dieser Effekt ist sozusagen nur die »Dreingabe«, nicht das eigentliche Ziel.
Heilfasten ist keine Möglichkeit der Selbstbehandlung. Wer sich selbst heilen wollte, indem er kurzerhand aufhört zu essen, der würde sich in ein erhebliches Risiko stürzen. Der Schaden, den er davontragen könnte, wäre mögli-

cherweise größer als das ursprüngliche Leiden. Zum Heilfasten gehört nicht nur der begleitende, sorgfältig wachende Arzt mit Erfahrung, sondern auch die richtige, von störenden Einflüssen freie Umgebung. Auf all das werde ich später ausführlich eingehen.

Die Null-Diät wird auch unter ärztlicher Aufsicht und Kontrolle durchgeführt – im Krankenhaus, an krankhaft fettsüchtigen Patienten. Doch dabei geht es um ein mehr oder weniger gewaltsames »Abspecken«, das auf andere Weise nicht zu erreichen ist. Die angewandten Methoden sind deshalb in der Regel auch etwas anders. Ich spreche hier vom Heilfasten als Naturheilmethode, als wunderbarer Möglichkeit, speziell chronischen Leiden, gegen die es sonst keine Mittel gibt, zu Leibe zu rücken. Ich versuche darzustellen, wie bei uns das Heilfasten durchgeführt wird, wer es in Erwägung ziehen sollte, wann es hilfreich sein kann, wo es nicht in Frage kommt und durch eine andere Therapie ersetzt werden sollte, und vieles dergleichen mehr.

Falls sie ein Haustier besitzen, wissen Sie selbstverständlich: Wenn es nicht mehr fressen will, dann ist es krank! Damit haben Sie doch wohl die ursprünglichste, natürlichste Heilmethode überhaupt entdeckt: Ihr Tier fastet sich gesund!

Noch einmal der Koran: »Daß ihr fastet, ist für euch selbst bekömmlich, wenn ihr es begreift!« Fasten also, nicht um irgend jemandem zu gefallen, nicht um den Willen zu stärken oder sich selbst zu kasteien, sondern um dem Körper die Möglichkeit zu geben, im völlig unbehinderten Moment seine schönsten Fähigkeiten zu entfalten und damit das Leben wieder lebenswerter zu machen.

Heilfasten – die Operation ohne Messer

»Migräne – die Krankheit tötet nicht, aber sie kann das Leben zur schlimmsten Hölle machen!«
Ich mußte an diesen Satz eines Kollegen denken, als ich den Brief von Frau Hedy S., 38 Jahre alt, Lehrerin, verheiratet und Mutter zweier Kinder, in Händen hielt. Seit zwölf endlosen Jahren, das entnahm ich den Zeilen, litt diese geplagte Frau unter höllischen Schmerzen. Und ich wußte, was das heißt: angstvolles, zermürbendes Warten auf die nächste Attacke! Wenn die ersten Anzeichen sich melden, Steigerung der Angst zur Panik. Und dann ist es wieder soweit: Frösteln, Übelkeit, die berühmten »roten Sternchen« beginnen, vor den Augen zu tanzen. Und dann schlagen sie zu, die mörderischen Qualen, die so gar nichts mit einem »brummenden Kopf« bei Föhn oder anderen Kopfschmerzen zu tun haben. Es ist ja nicht nur der Kopf, der entsetzlich weh tut. Der ganze Organismus scheint durcheinander. Der Betroffene fühlt sich sterbenselend. Er friert, muß sich vielleicht sogar erbrechen. Und sämtliche Sinne spielen verrückt: Leiseste Töne dröhnen in den Ohren, normales Tageslicht blendet gleißend hell. Deshalb flüchten die Migräne-Patienten in ein verdunkeltes Zimmer. Deshalb darf man sie nicht einmal ansprechen...
Wahrhaftig, das ist kein »hysterisches Getue verschrobe-

ner alter Jungfern«, wie viele weithin immer doch meinen. Das ist ein Leiden, das auch die stärkste Natur mit der Zeit lebensüberdrüssig macht. Und in der Regel bekennen Migräne-Patienten wie Frau Hedy S. auch auf nahezu dieselbe Weise: »Sie sind meine letzte Hoffnung... Ich habe schon alles versucht.« Und die Liste der Heilversuche, die sie aufzählen, spricht von einem Martyrium eigener Art: Schmerzmittel mit immer noch giftigeren Wirkstoffen, Aufenthalt in einer neurologischen Klinik, Akupunktur, Neuraltherapie, Allergietests, vielleicht sogar eine Operation.
Vor der operativen Durchtrennung eines Nervenastes in der linken Gesichtshälfte stand Frau Hedy S., als sie mir schrieb: »... und ich habe außerdem eine Unmenge von Medikamenten geschluckt, die meiner Leber nicht gut bekommen sind. Jetzt rät mir ein Neurologe zu einer Operation. Ich soll mir den Trigeminusnerv durchtrennen lassen. Eine Garantie, daß ich durch diesen Eingriff von der Migräne erlöst werde, will mir jedoch niemand geben.«
Ist es nicht verständlich, daß ein Mensch, der alle 14 Tage in fürchterlicher Regelmäßigkeit derart geplagt wird, nach Hilfe sucht? Daß er nach so vielen Mißerfolgen dem operativen Eingriff mißtraut und sich erkundigt, ob es nicht eine weniger riskante Heilmethode gibt?
Denn das weiß er längst, man hat es ihm immer wieder gesagt: Niemand kann mit Sicherheit sagen, warum manche Menschen so schlimm von Migräne-Attacken heimgesucht werden, welcher organische Fehler oder welche Fehlfunktionen für die Schmerzen verantwortlich sind.
Wie aber soll ein Arzt helfen können, wenn er die Ursachen eines Leidens nicht kennt, bestenfalls weiß, daß es gewisse »Auslöser« für die Attacken gibt? Die Operation hätte die Krankheit nicht beseitigen können. Mit der Durchtrennung der Nerven wäre lediglich die Schmerzlei-

tung unterbrochen worden. Gewiß, das kann gerade bei der Migräne schon viel sein. Doch mit den Schmerzen geht auch der Tastsinn in der betroffenen Gesichtshälfte verloren. Die Haut wird gefühllos, taub. Und wenn der Operierte Pech hat, dann »flickt« der Körper auf geniale Weise den zerschnittenen Nervenast wieder zusammen. Auch das hat man schon erlebt.

Frau Hedy S. suchte Heilung, nicht nur die Schmerzausschaltung. War es nicht unverantwortlich, einer Patientin Hoffnung zu machen, die schon alles versucht hatte, was sonst bei Migräne im einen oder anderen Fall zu helfen vermag. Und womit durfte ich Hoffnung machen?

Aus vielen Jahrzehnten praktischer Erfahrung wußte ich, daß jede Migräne anders ist. Manche haben offensichtlich mit Drüsenfunktionsstörungen zu tun. Nicht selten kommt oder verschwindet eine Migräne beispielsweise mit der ersten Monatsregel eines Mädchens, mit der hormonellen Umstellung während der Schwangerschaft oder mit dem Versiegen der Sexualhormone in den Wechseljahren. Bei vielen Frauen stellen sich Migräne-Attacken so pünktlich ein wie die »kritischen Tage«: kurz davor, kurz danach oder dann, wenn sie am schlimmsten sind.

Für manche Patienten – es sind übrigens nicht nur Frauen, sondern auch immer mehr Männer betroffen – werden bestimmte Nahrungsmittel zum Auslöser, etwa Käse, Schokolade, Zitronen, Orangen, Pökelfleisch, Alkohol, Nikotin. Ja, es kann sogar vorkommen, daß Hunger zum Migräne-Anlaß wird. Nicht umsonst sagt man: Jeder Patient hat seine eigene Migräne.

Wie also sollte ich da einem Menschen gegenüber, den ich nicht einmal kannte, ein Versprechen auf Besserung oder gar auf Heilung geben können?

Bei aller Erfahrung war ich zunächst doch ziemlich ratlos.

Und das teilte ich Frau Hedy S. auch mit: »Auch ich kann Ihnen nicht versprechen, daß ich Ihnen helfen kann. Erst eine gründliche Untersuchung kann klären, welche Therapie sich in Ihrem speziellen Fall empfiehlt...«
Frau Hedy S. kam. Ich schlug ihr schließlich eine Heilfastenkur vor, und sie war einverstanden, obwohl es dieser Frau mit so vielen bösen Erfahrungen ganz sicher nicht leichtfiel, sich auch nur einigermaßen vorstellen zu können, wie mit Fasten Migräne-Schmerzen bekämpft werden sollten. Der Start mußte denn auch prompt verschoben werden, weil ein Migräne-Anfall schon am ersten Tag nach der Ankunft die Patientin zwang, sich ins abgedunkelte, ruhige Zimmer zu legen. Zwei Tage später begannen wir dann mit der Therapie. Frau Hedy S. hatte Normalgewicht, man könnte fast sagen Idealgewicht. Für jeden Außenstehenden mußte unser Versuch, mit Fasten der Migräne Herr zu werden, widersinnig erscheinen.
Frau Hedy S. machte tapfer mit. Das Fasten bereitete ihr keine große Mühe. Trotzdem durfte ich sie nicht aus den Augen lassen. Die Angst vor einem neuen Anfall, das verkrampfte Warten darauf – »Wann ist es wieder soweit?« – war ihr anzusehen. Auch mit autogenem Training war diesem Angstgefühl nicht beizukommen. Das dauerte über zwei Wochen lang.
Doch dann war der Termin überschritten, zu dem sich die neue Attacke dem üblichen Rhythmus entsprechend hätte einstellen sollen. Frau Hedy S. blieb verschont – ihre Spannung wich mehr und mehr.
Und dann erlebten wir – wie so oft beim Heilfasten – die Veränderung. Aus der Raupe wurde der Schmetterling: Frau Hedy S. war nicht wiederzuerkennen. Sie blühte auf, war plötzlich humorvoll, witzig – und sprühte vor Tatendrang. Nur mit Mühe konnte ich sie davon abhalten, eine

Tageswanderung auf die höchsten Berge des Schwarzwaldes zu machen.
Als sie uns nach dreieinhalb Wochen wieder verließ, war das Thema Migräne für sie abgehakt. Während der Therapie hatte sie zweieinhalb Kilo eingebüßt. Wie sie mir später schrieb, hatte sich das Gewicht sehr schnell wieder auf normal eingependelt. Doch die Migräne ist Frau Hedy S. los. Seit nunmehr vielen Jahren. Dank eines einmaligen Heilfastens.

Unsere Gesundheit hängt von der Ernährung ab

Um es noch einmal sehr deutlich zu betonen: Solche überwältigenden Erfolge gibt es zwar immer wieder – doch gerade bei so schwierig zu behandelnden Krankheiten wie einer Migräne könnte auch der erfahrenste Heilfasten-Arzt nicht von vornherein ein so günstiges Ergebnis garantieren. Es gibt auch Migräne-Formen, die sich mit Heilfasten kaum wesentlich bessern lassen, zumindest nicht in einer einmaligen Behandlung.
Andererseits ist diese Naturheilmethode – genau wie Otto Buchinger es erkannt hatte – wohl doch die eindrucksvollste. Warum? Das will ich so einfach wie nur möglich zu erklären versuchen: Unser Körper braucht, auch wenn er keine Leistung vollbringt, neben Sauerstoff eine regelmäßige Zufuhr von Betriebs-, Aufbau- und Vitalstoffen.
Die Betriebsstoffe sind nötig zum »Einheizen«, als Energie für vielfältige Stoffwechselprozesse und die Pumpleistung des Herzens. Für jede Muskelbewegung werden zusätzliche »Kraftstoffe« benötigt, die zur Gewinnung von Energie in den Muskeln verbrannt werden. Die Aufbaustoffe

braucht der Körper für das Wachstum, für Reparaturarbeiten, für Heilprozesse und zum Aufbau der Körperabwehr. In jeder Sekunde sterben im menschlichen Körper einige Millionen Zellen, müssen allein zwei Millionen rote Blutkörperchen neu »geboren« werden. Das ist wie eine Explosion! Durch Gifte und Strahlen und andere Einflüsse werden pausenlos Zellen geschädigt, so daß eine blitzschnelle Reparatur nötig wird, um Entartungen zu vermeiden.

Um das alles erledigen zu können – und ich habe nur einige der wichtigsten Aufgaben erwähnt, längst nicht alle –, braucht der Körper täglich wenigstens 78 Gramm Eiweiß, 45 Gramm Fett und 400 Gramm Kohlenhydrate, insgesamt ungefähr 1 800 Kilokalorien. Je mehr wir uns anstrengen, desto höher ist der Nahrungsbedarf. Erfahrungsgemäß essen wir modernen Bürger zivilisierter Länder grob gerechnet nahezu doppelt soviel, wie wir wirklich brauchen. Das bedeutet aber: Wir überschütten den Körper mit Brennstoffen und mit Aufbaustoffen und zwingen ihn, mit diesem Überangebot etwas anzustellen. Das einfachste für ihn wäre ja, alles, was er nicht benötigt, wieder kurzerhand abzuschieben und auszuscheiden. Er tut das auch mit wasserlöslichen und unverdaulichen Substanzen. Möglicherweise würde er noch viel mehr davon ausscheiden, wenn es in jedem Leben nicht die eingeprägten Erfahrungen aus Jahrmillionen gäbe. Zu diesen Erfahrungen gehört aber, daß die Ernährung keineswegs immer gesichert ist, daß mit Nahrungsmitteln haushälterisch umgegangen werden muß, daß in Zeiten des Überflusses »Vorräte« für schlechtere Zeiten angelegt werden müssen. Also verwandelt der Körper das, was er nicht braucht, in lagerfähige Fettreserven und plaziert diese unter die Haut, in manche Organe, in das Bindegewebe.

Vergessen wir nicht: Noch vor einem Jahrhundert haben beispielsweise unsere Bauern in Winterzeiten auf diese Weise »Energievorräte« im eigenen Körper angelegt, um im nachfolgenden Sommer ausreichend Kraft zu besitzen, den unvorstellbar harten Arbeitstag durchstehen zu können. Liest man alte Schilderungen von Festen unserer Urgroßeltern, ist man immer wieder aufs neue verblüfft über die gewaltigen Mengen, die sie dabei verspeisen konnten. Ihr Erbe trägt unser Körper aber noch in sich. Auch der verbreitete Drang, gerade in der kalten Jahreszeit, speziell um Weihnachten, bei Tisch mächtig zuzugreifen, ist sicherlich noch ein »Überbleibsel« aus einer Zeit, in der das einfach nötig war.

Nur: Wir brauchen es halt nicht mehr. Der natürlichste Verbrauch der zugelegten Reserven in der übermäßigen Körperanstrengung im Sommer ist weggefallen. Der Lebensrhythmus hat sich gründlich verändert. Statt des Abbaus der Fettpolster kommen neue Reserven hinzu. Der Organismus steht im Dauerstreß, das Überangebot zu verarbeiten, zu lagern, das Blut von der Überfülle freizuhalten. Diese Anstrengung, daran gibt es keinen Zweifel, ist so groß, daß die Lebenserwartung mit jedem weiteren Kilo Übergewicht sinkt; daß tausend gesundheitliche Störungen, Fehlfunktionen, Organüberlastungen sich bemerkbar machen und für vorzeitiges Altern sorgen.

Gute und schlechte »Kostverwerter«

Nun sagt man aber, es gäbe Menschen, die könnten essen, soviel sie wollten, ohne jemals dick zu werden. Auch das ist zumindest teilweise richtig. Und auch das mag mit dem Erbe, das wir in uns tragen, zusammenhängen: Unsere

Vorfahren mußten sich, um überleben zu können, an das Klima anpassen. Und das ist bekanntlich an jedem Ort unserer Erde anders. Entsprechend war ihr Körper gezwungen, mit der Nahrung anders umzugehen: Der eine brauchte, um nicht zu erfrieren, Fett-Schutzschichten unter der Haut. Der andere benötigte, um riesige Strecken in glühender Hitze zurücklegen zu können, sofort verfügbare Energie und die Fähigkeit, sich durch Schwitzen Kühlung zu verschaffen. Entsprechend richtete sich der Körper des Menschen in der Kälte verstärkt darauf ein, Reserven zu bilden. Der Organismus des Wüstenbewohners dagegen spezialisierte sich eher auf sofortige Umwandlung der gesamten Nahrung in Energie.
Mehr oder weniger ausgeprägt mag jeder von uns das eine oder andere Erbe in sich tragen. Manche Menschen stehen schon während des Essens »unter Volldampf«. Sie beginnen, heftig zu schwitzen. Das sind eben jene, die ihre Nahrung gründlicher »verbrennen«, also in Energie umwandeln. Andere schwitzen weit weniger – werden dafür aber rasch rundlicher.
Die »schlechten Kostverwerter«, also jene, die das Essen gründlicher in Energie umwandeln, sind gesundheitlich keineswegs besser dran. Ihr »Lebensmotor« läuft nämlich noch hektischer auf Volltouren. Dabei kommt es zu erhöhtem Verschleiß, zu vorzeitigen Abnutzungen, aber auch zu sklerotischen Veränderungen der Blutgefäße. Das führt aber wiederum zu einem viel zu raschen Altern, unter ungünstigen Voraussetzungen sogar zum vorzeitigen Tod durch Herzinfarkt oder Schlaganfall. Ohne Zweifel: Solche Gesundheitsrisiken sind in aller Regel kein unvermeidbares Schicksal. Sie lassen sich tatsächlich vermeiden.

Die verhängnisvollen Streßfolgen

Die veränderte moderne Lebensweise verschlimmert das Nahrungsüberangebot noch zusätzlich: Kaum ein Mensch unserer Tage kann sich pausenlosem Streß entziehen. An sich wäre der Streß nichts Übles. Doch wieder zeigt es sich, daß wir auf unsere biologische »Geschichte« Rücksicht zu nehmen haben. Wie vor Millionen Jahren reagiert unser Körper auf Angst, vermeintliche Bedrohung, vermutete Gefahr mit einer »Aufrüstung«. Er schüttet, vereinfacht dargestellt, Energie, nämlich Fette und Zucker, ins Blut, damit die Muskeln bestens versorgt sind und sofort erhöhte Leistungen bringen können. Früher war das überlebensnotwendig: Der Bedrohte mußte einen Angriff parieren oder auch der Gefahr entfliehen können.

Heute spielt sich der meiste Streß im Büro, im Straßenverkehr, zu Hause in den eigenen vier Wänden ab – und zwar ohne daß Muskelkraft nötig wäre, der vermeintlichen Gefahr zu entkommen: Angst vor dem Chef, die Furcht, einer Aufgabe nicht gewachsen zu sein, Ärger über einen Verkehrsrowdy, Partnerschaftsprobleme werden zum Streßauslöser. Doch die Kraftanstrengung, die nun zur Verbrennung der angelieferten Kraftstoffe führen sollte, bleibt aus. So muß der Körper nun selbst dafür sorgen, daß Zucker und Fett wieder aus dem Blut verschwinden. Der Zucker wird mit Hilfe von Insulin weggeschafft. Das kann bei Dauerstreß ohne natürlichen Abbau der Streßfolgen zu einer Überbeanspruchung der Bauchspeicheldrüse, zunächst zu ständigem Unterzucker, später zum Diabetes führen. Die Fette sind nicht ganz so leicht aus dem Blut zu entfernen wie der Zucker. Zu dieser Arbeit sind weit kompliziertere biochemische Prozesse nötig. Beim überforderten Organismus geschieht es nur allzuleicht, daß er sich mit einer

Notlösung behelfen muß: Er kleistert die überflüssigen Fette innen an die Blutgefäße. Das ist dann aber wiederum eine Etappe auf dem Weg zur Arteriosklerose. Die Blutgefäße wachsen langsam zu, werden starr und brüchig. Der Blutdruck erhöht sich, und damit wächst die Gefahr eines Infarktes (Gefäßverschluß an einer Engstelle durch zusammengeklumpte Blutkörperchen und Blutplättchen) oder eines Gefäßbruchs (Schlaganfall).

Tatsächlich sind viele Krankheiten und Beeinträchtigungen des Befindens das Ergebnis eines gestörten Zucker- und Fettstoffwechsels. Es gibt heute sogar Ernährungswissenschaftler und Biologen, die alle Gesundheitsstörungen ausnahmslos auf den gestörten Zuckerstoffwechsel zurückführen. Das ist sicherlich übertrieben, doch es zeigt, welche Bedeutung dem Zuckerstoffwechsel, auch dem Fettstoffwechsel zugemessen wird. Solche Stoffwechselstörungen können dann doppelt und dreifach verhängnisvoll werden, wenn der nichtverarbeitete Streß und die Überernährung zusammentreffen.

Wenn man das weiß, kann es nicht mehr verwundern, daß viele der sogenannten »Wohlstandskrankheiten« in schweren Kriegszeiten kaum bekannt waren und erst seit einigen Jahrzehnten wieder überhandnehmen, nachdem die Nahrungsknappheit überwunden ist. Zu solchen Krankheiten gehören vor allem der Altersdiabetes, Gicht, gehören aber auch Krankheiten wie Allergien, Migräne, Asthma, manche Rheuma-Erkrankungen und Herz-Kreislaufleiden.

Es kann demnach nicht genügen, die Speisen sorgfältiger zusammenzustellen und in der Quantität zu begrenzen. Wir müssen, wenn wir gesund sein wollen, unsere Lebenseinstellung verändern. Dabei genügt es nicht, gelegentlich ein wenig Sport zu treiben, ab und zu zu joggen oder auf das Fahrrad zu steigen. Wir müssen allen Anforderungen des Lebens auf veränderte Weise begegnen.

Das überforderte Immunsystem

Es kommt nun noch ein ganz wesentlicher Punkt hinzu, der gerade heute immer mehr an Bedeutung gewinnt: Ernährung und übermäßiger Streß bedeuten für unser Immunsystem eine enorme zusätzliche Belastung. Jeder von uns hat es schon erfahren: Man ist »erkältet«, hat sich einen Schnupfen, Husten, Halsschmerzen oder gar einen grippalen Infekt eingefangen, obwohl das Wetter eigentlich nicht schuld daran sein kann. Tatsächlich haben die meisten »Erkältungen« auch nichts mit Kälte oder Verkühlung zu tun, sondern resultieren ursprünglich aus zuwenig Schlaf, aus Ärger, Angstzuständen, übermäßigen Anstrengungen, nicht zuletzt aus falscher, meistens übermäßiger Ernährung. Besonders anfällig wird man dann, wenn mehrere dieser Faktoren zusammenspielen.

Das ist leicht einzusehen: Die Funktionen unseres Körpers sind fein aufeinander abgestimmt. In jeder gegebenen Situation müssen die nervlichen Steuerungszentralen Prioritäten setzen. Wer üppig gespeist hat, ist automatisch denkfaul, weil das Blut zur Bewältigung der Verdauungsarbeit in den Magen-Darm-Trakt, in Bauchspeicheldrüse, Leber und Nieren abgezogen werden mußte, so daß die Gehirndurchblutung deutlich vermindert ist. Die Verdauungsarbeit stellt an die Immunfaktoren des körpereigenen Abwehrsystems erhöhte Anforderungen, denn die gelieferte Nahrung muß gründlich auf Krankheitserreger, Gift- und Schadstoffe überprüft werden. Alles, was beim Essen in den Körper gelangt ist, muß möglichst umgehend unschädlich gemacht werden. Damit ist es aber vorübergehend auch notwendig, andere Aufgaben der Immun-Strategie zu vernachlässigen. Es versteht sich ganz von selbst: Je größer die verzehrten Nahrungsmengen sind und je weniger lebendige, natürliche Bestandteile sie enthalten, desto schwieriger ist diese Immunarbeit und desto länger dauert die Vernachlässigung anderer wichtiger Aufgaben an.

Lassen Sie mich dazu nur ein Beispiel anführen, das seiner Bedeutung wegen immer mehr in den Mittelpunkt moderner Forschung gerät: Wenn über die Luftwege, den Verdauungsweg oder durch die Haut Krankheitserreger in den Körper gelangt sind, dann ist es wichtig, daß unser Immunsystem diese sofort erkennt und ihnen die passenden Spezial-Abwehr-Faktoren, die sogenannten Antikörper, entgegenstellt, um sie zu vernichten. Diese Antikörper koppeln sich an den Eindringling. Dabei entsteht ein unschädliches Gebilde, der sogenannte Immunkomplex. Er kann keine Infektion mehr auslösen, doch er ist nach wie vor als »Fremdkörper« im Blut und muß so schnell wie möglich daraus entfernt werden. Der Abbau der Immunkomplexe gehört aber wohl zu den Aufgaben, die vom Immunsystem am häufigsten vernachlässigt werden müssen, weil dringendere Aufgaben vorrangig zu erledigen sind. Nur in Augenblicken der Ruhe, des Schlafs, der Entspannung kommt das Immunsystem dazu, diese wichtige Arbeit nachzuholen.

Ähnlich wie die zu üppige Ernährung blockieren auch übermäßiger Streß und seelische Verstimmungen das Immunsystem, so daß es eben leichter und schneller zu Infektionen kommt – aber auch zur mangelhaften »Aufräumarbeit« im Körper, woraus viel schlimmere Krankheiten als eine banale »Grippe« entstehen können. Nämlich

schwere Allergien, Rheuma, Arteriosklerose mit den Folgen Herzinfarkt oder Schlaganfall, möglicherweise auch Krebs. Wenn das Immunsystem nämlich nicht dazu kommt, Immunkomplexe aufzulösen und aus dem Blut zu entfernen, weil dazu die nötige Befreiung von anderen Aufgaben fehlt oder weil die »Werkzeuge« dazu – etwa die richtigen Enzyme – nicht vorhanden sind, dann können auch sie sich wie überflüssige Fett- oder Kalkmengen an den Wänden der Blutgefäße festsetzen. Wenn sie dort von Immunfaktoren entdeckt werden, kommt es aber leicht zu einer Überreaktion des Immunsystems, wobei nicht nur die Immunkomplexe, sondern auch die betroffenen körpereigenen Gewebe zerstört werden. Wir haben es dann mit einer autoaggressiven Krankheit, beispielsweise einer bestimmten Rheumaform zu tun.
Jetzt ahnen wir, warum das Heilfasten bei Frau Hedy S. eine so wunderbare Wirkung zeigte: Während der ungewöhnlich starken Entlastung war der Körper in die Lage versetzt, Probleme zu bewältigen, die er sonst nicht hätte meistern können. Er fand plötzlich Zeit und Möglichkeiten, eine Entgiftungsarbeit zu leisten und somit die Ursachen der Schmerz-Attacken zu beseitigen.

Was beim Fasten geschieht

Wie reagiert nun unser Körper, wenn er statt der nötigen 1 800 Kalorien fast überhaupt nichts mehr an Kraft- und Aufbaustoffen geliefert bekommt?
Wieder ganz einfach ausgedrückt: Er macht es wie ein Hausbesitzer, dem das Heizmaterial und die Baustoffe ausgegangen sind: Zuerst klaubt er die letzten noch auftreibbaren Reste zusammen, die irgendwo herumliegen.

Dann verbrennt er alles, was sowieso als Gerümpel längst hätte weggeschafft werden müssen. Er räumt auf, und zwar sehr gründlich. Erst wenn der Unrat aufgebraucht ist, geht er daran, Stühle, Tische, Möbel zu verheizen.
Genauso verhält sich der Körper. Zuerst verbraucht er die Vorräte, die beispielsweise in der Leber gespeichert sind. Wenn sie nach zwei, drei Tagen aufgebraucht sind, greift er zunächst auf das zurück, was sowieso »im Wege« steht: Er baut die Ablagerungen in den Blutgefäßen ab. Und zwar nicht nur oberflächliche Auflagen, sondern auch versteckte Einlagerungen, die teilweise tief in das Gewebe hineinreichen. Die Blutgefäße werden damit nicht nur gesäubert, reingewaschen. Das gierige Blut saugt die Fette und minderwertigen Eiweiße auch aus den Wänden, so daß diese wieder elastischer und dehnfähiger werden. Nichts ist gieriger als das Blut eines Fastenden, sagte ein Fastenarzt treffend.
Daß das tatsächlich so ist, das konnten erstmalig amerikanische Militärärzte während des Koreakrieges nachweisen. Zu ihrem Erschrecken fanden sie bei sehr vielen gefallenen jungen Soldaten bereits eine fortgeschrittene Arteriosklerose. Schon 20jährige, so berichteten sie in Ärztezeitschriften, besaßen sklerotisch veränderte Herzkranzgefäße. Eine Entwicklung, die heute weithin von Ärzten beobachtet wird: Immer häufiger leiden schon relativ junge Menschen um die 30 an massiven Ablagerungen in ihren Blutgefäßen. Und das hängt sicherlich mit einer von Überlastungen und Überforderung bestimmten Lebensweise zusammen. So weiß man seit einiger Zeit, daß Berufsfußballspieler und vor allem Radrennfahrer weit häufiger und früher als andere an Arteriosklerose in den Beinen erkranken. Für Frauen galt noch bis vor wenigen Jahren, daß sie dank ihrer speziellen Hormonversorgung keinen Herzin-

farkt zu befürchten hätten. Inzwischen haben sie die Männer bald eingeholt.
Hier zeigen sich bedrohliche Entwicklungen, die uns Ärzten große Sorgen bereiten: Immer mehr Menschen sind nicht mehr gesund, sondern »kränkeln« oder sind gar ernsthaft krank.
Die großen Krankheiten, vor allem die chronischen Leiden, suchen die Menschen zugleich in noch jüngeren Jahren als früher heim. Einen Großteil der Schuld daran tragen wohl Streßfolgen und das Essen. Unsere Nahrung ist tatsächlich weithin wertlos geworden. Die ausgelaugten Böden können den Pflanzen nicht mehr ausreichend Mineralien und Spurenelemente mitgeben. Die Reste, die noch vorhanden sind, ziehen wir törichterweise heraus, um die Nahrungsmittel zu verschönen. Zugleich sind die Nahrungsmittel mit Schadstoffen und Giften belastet, neuerdings auch noch strahlenbelastet. Das alles hilft mit, die Stoffwechselprozesse im Körper massiv zu stören. Ich werde später noch einmal ausführlich auf dieses vielleicht wichtigste Gesundheitsproblem unserer Tage zurückkommen.
Zurück zu den US-Soldaten in Korea. Denn jetzt kommt erst die eigentlich sensationelle Entdeckung: Bei Soldaten, die sich im Dschungel verirrt hatten und die dort verhungert waren, ehe man sie fand, konnte nicht mehr die geringste Spur von einer Arteriosklerose gefunden werden. Ihre Blutgefäße waren so »sauber«, als hätte es in ihnen niemals eine Ablagerung gegeben. Damit war die alte, als gesichert geltende Meinung, Arteriosklerose ließe sich nicht mehr rückgängig machen, widerlegt.
Sie läßt sich rückgängig machen, vorausgesetzt, die Blutgefäße sind nicht bereits zu starren, versteinerten »Röhren« geworden, die nur noch aus Fett und Kalk bestehen.

Das »Zauberheilmittel« aber ist denkbar einfach. Es heißt Fasten. Heilfasten.

Fettpolster als »Rohstoffe«

Mit den Ablagerungen in den Blutgefäßen werden beim Fasten auch die Fettdepots angegangen. Der Körper lebt sozusagen vom »Eingemachten«. Das setzt eine grundlegende Veränderung der Stoffwechselchemie voraus. Vor allem die Leber muß sich völlig umstellen. Der entscheidende Rohstoff, der ihr zur Abdeckung aller Bedürfnisse zur Verfügung steht, ist das eingelagerte Fett. Aus ihm muß im weiteren Verlauf des Fastens fast alles, was der Körper braucht, hergestellt werden. Eine unvorstellbare Leistung! Wollte die chemische Industrie ähnliches versuchen, würde sie dazu riesige Einrichtungen, enorme Energien und einen großen Aufwand benötigen. Für die Leber stellen solche Prozesse große, aber keine übermäßigen Belastungen dar.
Trotzdem weicht sie dieser Arbeit ganz selbstverständlich aus, sobald Zucker und Eiweiß und Fettstoffe direkt angeboten werden. Wird das Fasten zu früh abgebrochen oder auch nur vorübergehend unterbrochen, das zeigen tausendfache Erfahrungen, plaziert der Organismus die bereits gelösten Fettreserven – und selbst Ablagerungen der Blutgefäße – umgehend wieder genau dorthin, wo er sie zuvor geholt hatte, um sich der Nahrung zu bedienen. Das heißt aber: Der Heileffekt des Fastens ist damit ebenso wie das gewünschte Schlankwerden verfehlt. Die Wirkung der »Entschlackung« und der Säuberung der Blutgefäße kann infolgedessen auch nicht erreicht werden, wenn man die Nahrung einschränkt, aber immerhin noch kleine Essens-

portionen zu sich nimmt. Erst dann, wenn der Körper fast überhaupt keine Nahrung mehr bekommt, holt er sich das, was er dringend braucht, aus den eigenen Reserven.

Zellruinen und Eiterherde als Eiweißquellen

Auf der Suche nach Eiweiß greift der Organismus, dem die Nahrung fehlt, aber auch nach »Abfallhalden«, auf Krankes und Zerstörtes zurück, das er längst hätte wegschaffen müssen, wäre ihm dazu Zeit und Kraft geblieben: Er zerlegt krankhafte Ablagerungen in ihre »Bausteine« und verwendet diese als »Baumaterial«. Das tut er beispielsweise mit getöteten Krankheitserregern, mit den Überresten der weißen Blutkörperchen, die sich im Abwehrkampf geopfert haben, mit Immunkomplexen, den Resten abgestorbener Zellen, mit »Barrikaden«, die er früher um Eiterherde herum errichten mußte, um ein Ausbreiten der Krankheit zu verhüten, und die seither gewissermaßen als Narben das Gewebe abriegeln und eine gesunde Versorgung und Entsorgung verhindern. Krankes Gewebe und degenerierte Zellpopulationen, die bei normaler Ernährung stets mit neuer Energie unterhalten werden, verbraucht der Körper unter dem herrschenden »Notregime« sehr schnell. Alles, was aus diesen Schlacken und belastenden Verbindungen genutzt werden kann, wird als »Baustoff« verwendet. Der Rest wird durch die gleichsam erzwungene »Sperrmüllabfuhr« ausgeschieden.
Wichtig ist, daß durch das Fasten auch alle körperfremden Stoffe, nämlich Abbauprodukte von Medikamenten, von Giften, vom Rauchen sowie unverdauliche Zusatzstoffe der Nahrung gelöst und ausgeschieden werden.

Während des Fastens findet also tatsächlich eine Gesamtreinigung des Organismus statt, wie sie mit keiner anderen Methode und keinem anderen Mittel so gründlich und so rasch zu erreichen wäre. Es stimmt, was schon Dr. Buchinger festgestellt hat: Das Kranke schwindet, das Gesunde wird gestärkt. Insofern kann man beim Heilfasten mit vollem Recht auch von einer Verjüngung sprechen: Der gesäuberte Organismus vermag wieder befreit zu funktionieren – so wie er in jüngeren Zeiten einmal funktionierte. Und das zeigt sich auch im äußeren Erscheinungsbild des Fastenpatienten: Seine Haut ist straffer, frischer. Er fühlt sich schwungvoller und kommt entsprechend elanvoller daher.

Entlastung von der Verdauungsarbeit

Doch das ist immer noch nicht alles. Etwas ganz Wesentliches kommt noch hinzu, auf das schon hingewiesen wurde: Wenn der Körper keine Nahrung bekommt, werden – abgesehen von der Leber und beim starken Esser selbst sie – alle Organe weitgehend entlastet, geschont, so daß sie endlich Zeit finden, sich zu erholen und zu heilen. Dieser unschätzbare Vorteil kommt vor allem den Verdauungsorganen zugute, die sich während des Fastens ausruhen und ausheilen können.
Und jetzt verstehen wir auch, warum während des Fastens gewissermaßen nebenbei so viele Verdauungsprobleme behoben werden, etwa Gallenleiden, Verstopfungen, Blähungen, erste Anzeichen eines Diabetes und dergleichen mehr.
Jetzt erahnen wir auch, warum sich der Fastende nicht zerschlagen, müde, schwach fühlt oder gar das Bett hüten

muß, sondern sich im Gegenteil gleichsam befreit fühlt, warum manch einer am liebsten überhaupt nicht mehr mit dem Essen beginnen möchte. Die Verdauung stellt für den Körper eine Anstrengung dar, die man nicht unterschätzen darf. Und sie wird um so größer, je mehr man verzehrt, je weniger der Körper nach den Mahlzeiten Gelegenheit bekommt, in Ruhe zu verdauen, je stärker die Stoffwechselprozesse durch »Verschlackungen« bereits gestört sind. Wir beginnen auch zu ahnen, warum selbst so schwierige Leiden wie die Migräne von Frau Hedy S. allein durch Fasten geheilt werden können: Beim Fasten bekommt der Körper die Chance, die gesunden, normalen Funktionen, die entgleist waren, wiederherzustellen. Wir wissen es doch: Nur der Körper selbst kann sich heilen. Alle Heilmethoden und Heilmittel können immer nur »Handlanger« sein, die Hindernisse aus dem Weg räumen, Stoffe anbieten, die ihm fehlen, den »Heilfunken«, wie Paracelsus sagte, wieder zum kräftigen Heilfeuer entfachen. Die eigentliche Heilarbeit kann nur der Körper selbst leisten. Beim Heilfasten bekommt er dazu eine wunderbare Gelegenheit.

So wird das Heilfasten durchgeführt

»Eigentlich weiß ich überhaupt nicht, was ich hier soll. Ich halte den Aufenthalt hier für völlig überflüssig und bin nur gekommen, weil meine Frau darauf bestanden hat. Sie meint, ich müßte etwas für meine Gesundheit tun. Nun gut. Da bin ich. Sie können über mich verfügen. Doch verlangen Sie von mir keine Verrenkungen, nichts, was Anstrengungen oder Opfer mit sich bringen würde. Machen Sie schnell und schmerzlos, was getan werden muß!«

Recht forsch und selbstbewußt stand der Unternehmer Franz Xaver Th. vor mir, einer jener modernen »Macher«, die sofort zur Sache kommen, die ständig auf dem Sprung sind, vor innerer Unruhe vibrieren, als bestünde das Leben aus einer einzigen Fechtparade. »Versuchen Sie erst gar nicht, mir etwas zu verbieten. Damit hätten Sie sowieso keinen Erfolg.« Von vornherein sollten klare Verhältnisse herrschen, übertrieben scheinende Forderungen des Arztes abgebogen werden.

So ähnlich treten mir nicht eben wenige Patienten gegenüber: Sie wissen, daß ganz dringend etwas getan werden muß, weil ihre Gesundheit ernsthaft bedroht ist. Sie können ihre Angst nur mühsam verbergen und tun alles, um ja keine Schwäche zu zeigen. Den Aufenthalt in einem Sanatorium oder gar in einer Klinik halten sie für ein persönliches Versagen: Womöglich wird man hier erst richtig krank? Die ärztliche Diagnose fürchten sie mehr als den Steuerbescheid. Es könnte sich ja herausstellen, daß wirklich etwas nicht in Ordnung ist!

Wenn es gar nicht mehr anders geht, dann kommen sie – nicht selten leider viel zu spät –, erwarten aber, daß der Arzt irgend etwas unternimmt, was ihnen selbst möglichst keine Leistung abverlangt, keine Mühen auferlegt. Am liebsten würden viele von ihnen nur morgens einmal kurz vorbeischauen, um sich die Spritze geben zu lassen, um sich sofort wieder in den Alltagstrubel zu stürzen. So, daß kein Außenstehender etwas von der Heilbehandlung bemerkt: »Ich kann es mir nicht leisten, krank zu sein.« Das Auftreten des Unternehmers Franz Xaver Th. war leicht zu durchschauen. Dieser Mann, knapp 50 Jahre alt, hatte Angst. Große Angst.

Und es gab genug Gründe dafür: 116 Kilogramm Körpergewicht bei einer Größe von nicht ganz 1,80 Metern, also rund 20 Prozent zuviel! Er rauchte, wie er mir eingestand, bis zu 40 Zigaretten täglich. Er trank reichlich Alkohol – und zwar meistens recht harte Sachen. Sein Blutdruck war gefährlich hoch: 190/100, der Blutfettspiegel deutlich erhöht.

Eine Fülle von Risikofaktoren für eine koronare Herzerkrankung! In dieser Situation und Verfassung mußte der Unternehmer beinahe täglich mit einem Herzinfarkt rechnen. Und das wußte er auch. Es war überflüssig, ihm die Gefahren auszumalen, in denen er schwebte.

Doch die Illusion, man könnte die Risikofaktoren kurzerhand mit einigen Pillen oder Spritzen so nebenbei ausschalten, die mußte ich ihm nehmen. Und es war auch nötig, ihm klarzumachen, daß er selbst, nicht der Arzt, unbedingt sofort etwas zur Wiederherstellung seiner Gesund-

heit unternehmen mußte. Ich schlug ihm also Heilfasten vor. Und zwar mindestens drei Wochen, alles in allem rund vier Wochen lang.
Der Unternehmer sah mich entgeistert an. »Wie? Drei volle Wochen überhaupt nichts essen? Keinen Bissen? Womöglich die ganze Zeit über im Bett liegen? Darf ich wenigstens gelegentlich einen Schluck Whisky trinken? Auch nicht? Aber Rauchen kann ich doch? Wissen Sie, Herr Doktor, das brauchen wir erst gar nicht zu versuchen. Ich habe schon manchen Anlauf gemacht, mir das Rauchen abzugewöhnen. Das schaffe ich nicht. Und hungern kann ich auch nicht. Gibt es nicht doch einen einfacheren Weg? Ich meine, auf das Essen verzichten, das könnte ich doch auch zu Hause. Dazu brauche ich mich nicht für teures Geld in eine Privatklinik zu begeben.«
Franz Xaver Th. wehrte sich, als hätte ich seine Hinrichtung verkündet.
»Sie werden das alles viel leichter schaffen, als Sie glauben«, versicherte ich dem verschreckten Mann und versuchte, ihm das Heilfasten zu erklären. Schließlich hatte ich ihn soweit. Er war bereit, die »Tortur« über sich ergehen zu lassen, wenn auch widerwillig. Doch die Angst, ernsthaft zu erkranken, war größer als die Angst vor dem Hunger. Wie oft in solchen Fällen erweisen sich die zuerst besonders widerspenstigen Patienten als jene, die dann mit verstärktem Eifer mitmachen. Ihr Ehrgeiz treibt sie an, auch in dieser Situation keine Schwäche zu zeigen. Und die ersten, meistens sehr augenfälligen Erfolge können dann sogar so etwas wie Begeisterung auslösen. Franz Xaver Th. kam in der ersten Woche täglich und jedesmal mit noch größerem Stolz zu mir, um mir zu berichten, wieviel er bereits abgenommen hatte und daß es ihm überhaupt nichts ausmache, auf die Zigarette zu verzichten. Gut, er

gestand auch ein, daß er am dritten Tag heimlich versucht hatte, wie ein kleiner Schuljunge auf der Toilette zu rauchen. Dabei wurde es ihm aber nur schlecht, so daß das Verlangen nach der Zigarette rasch verschwunden war.
Es gehört zu den Vorteilen des Heilfastens, daß die anfänglichen Erfolge bei der Gewichtsabnahme sehr groß sind: Ein Kilogramm täglich ist in der ersten Fastenwoche die Regel. Das spornt natürlich mächtig an und hilft über manche Anfangsschwierigkeit hinweg. Gerade Patienten mit Herz-Kreislauferkrankungen fühlen sich meistens sehr schnell und stark erleichtert und wohl wie schon seit langem nicht mehr, weil beim Fasten zunächst viel überflüssiges Wasser aus dem Körper geschwemmt wird. Das entlastet Herz und Kreislauf. In dieser Phase muß der Arzt die erste Euphorie nicht selten sogar etwas dämpfen. Denn er weiß, daß die Erfolge bei der Gewichtsabnahme nicht so gut bleiben werden. Ab der zweiten Woche, wenn es erst richtig an die Schmutzablagerungen und an die Fettdepots geht, zeigt die Waage nur noch die Hälfte der ursprünglichen Reduzierungen. Die Fastenden verlieren also nur noch etwa ein Pfund täglich. Das ist bei nahezu kompletter Enthaltsamkeit manchmal enttäuschend.

Die oft so notwendige Heilkrise

Der anfänglichen Begeisterung folgt damit nicht selten die große Ernüchterung. Und es wächst der Verdacht, daß die Heilmethode vielleicht doch nicht so gut ist wie angenommen.
Auch bei Franz Xaver Th. war es so. Er fiel sogar in regelrechte Depressionen. Die Veränderung seiner Stimmung begann damit, daß er schweigsam wurde, in sich gekehrt

durch das Haus schlich und der Begegnung mit mir auswich. Auf Fragen und Aufmunterungsversuche reagierte er mürrisch, ja beinahe feindselig. Schließlich erlebte er so etwas wie einen Nervenzusammenbruch. So seltsam es klingen mag: Das sind die Augenblicke, die der Fastenarzt nicht gerade herbeisehnt, aber doch mit Befriedigung registriert, wenn sie erst da sind. Zeigen sie doch, daß mit dem Heilfasten nicht, wie bei so manch anderer Therapie, nur eine gewisse »Gesundheitskosmetik« nach außen hin betrieben wird. Die Leiden werden nicht gefällig übertüncht, sondern der Heilmeister im Körper dringt unaufhaltsam und ganz direkt zu den letzten und eigentlichen Ursachen der gesundheitlichen Störungen vor. Das kann naturgemäß nicht ohne Krise abgehen. Denn in aller Regel besteht die Heilung ja nicht in der Beseitigung funktioneller Störungen oder in der Korrektur rein biochemischer Prozesse, sondern eben darin, den Fehler in der Lebensweise, in der Lebenseinstellung zu finden und auszumerzen. Der Körper muß mit der Krise reagieren – die Seele sich in ihr besinnen. So kann es – wenn auch nur selten – während des Heilfastens schon einmal dazu kommen, daß sich die Symptome eines Leidens zunächst sogar verstärken, daß sich der Fastende erst richtig krank fühlt und am liebsten das Heilfasten abbrechen möchte, ehe die Befreiung vom Leiden einsetzt. Und es kann auch zu einer psychischen Krise kommen mit viel Zweifeln, Verstimmungen, Resignation. Mit dem Zwang, intensiver als vielleicht jemals zuvor über sich, über das Leben, über den Sinn des Daseins nachzudenken. In diesem Augenblick muß der Arzt für seinen Patienten dasein, viel Zeit haben und geduldig zuhören können. Dieser psychotherapeutische Aspekt ist ein unverzichtbarer Bestandteil des Heilfastens. Denn wenn der Klärungsprozeß nicht zu einem guten Ende gelangt, muß auch

die Heilwirkung des Fastens in den Anfängen steckenbleiben.
Franz Xaver Th. ist in eine außergewöhnlich schwierige Krise dieser Art geraten. An jenem Tag habe ich mich zunächst eine volle Stunde mit ihm unterhalten. Und abends trafen wir uns noch einmal zu einem intensiven Gespräch, in dem er mir sein Herz ausschüttete. Dieses Gespräch wurde zu einer Art »Generalbeichte«. Der Unternehmer zog die Bilanz seines Lebens: Wozu habe ich mich eigentlich abgerackert? Was habe ich bisher unter Glück und Erfolg verstanden? Warum ist in meinem Privatleben so vieles zerbrochen oder freudlos und belanglos geblieben?
Und so weiter. Franz Xaver Th. stand erschüttert vor den Trümmern seiner Ideale, vor den Scherben seiner Hoffnungen und bekannte schließlich: »Wenn ich es recht überlege, habe ich so ziemlich alles falsch gemacht. Ich jagte mit höchstem Einsatz Dingen nach, die es überhaupt nicht wert waren. Und überall dort, wo ich hätte wirklich glücklich werden können, war ich blind, verbohrt, verstockt.« Und nach einer langen Pause: »Man müßte noch einmal ganz von vorne anfangen können!«
»Worauf warten Sie? Warum fangen Sie nicht damit an, jetzt sofort?« fragte ich zurück. Der Unternehmer nickte. »Ich tue es. Wenn ich von hier zu meiner Familie und zu meinem Geschäft zurückkehre, wird man mich nicht wiedererkennen.«
Die Depressionen meines Patienten waren nach diesem Tag sehr schnell überwunden. Franz Xaver Th. stand das Heilfasten wacker durch. Er wirkte dabei ruhig, gelöst. Als er uns verließ, hatte er nicht nur sein Normalgewicht erreicht, auch die übrigen Risikofaktoren Bluthochdruck, zu hoher Blutfettspiegel und eine erste Andeutung von Diabetes waren weg.

Und der Unternehmer rauchte nicht mehr. Er war wirklich ein neuer Mensch geworden, der um Jahre jünger aussah. Der nicht länger mit dem ständigen Risiko eines Infarktes lebte. Der entschlossen war, von nun an sinnvoller, glücklicher und damit gesünder zu leben. Ich weiß nicht, ob ihm das auf Anhieb gelungen ist. Doch ich bin fast sicher: Wenn Franz Xaver Th. spürt, daß er erneut eine falsche Richtung eingeschlagen hat, wird er zu uns zurückkehren, um im Heilfasten sein Leben neu auszurichten.

Es kommt auf die innere Einstellung an

Ich selbst habe schon gut ein dutzendmal heilgefastet, manchmal zwei Wochen, manchmal auch vier Wochen lang. Ich weiß, wovon ich spreche. Ich weiß vor allem, wie unterschiedlich man sich dabei fühlen kann.
Einmal kam ich mir vor, als hätte ich alles abgeschüttelt, was mich sonst bedrückt und belastet. Ich war die ganze Zeit über heiter, ja fröhlich gestimmt. Ein andermal suchten mich zunächst melancholische Gedanken heim. Ich brauchte eine gewisse Zeit, bis ich das innere Gleichgewicht wiedergefunden hatte. Einmal fiel ich während des Fastens des Abends ganz selbstverständlich und gelöst in traumlosen Schlaf. Ein andermal konnte ich trotz großer Müdigkeit kaum einschlafen und wartete vergeblich auf die sonst erfahrene Erleichterung und Befreiung. Einmal verspürte ich nahezu grenzenlose Energien und Kräfte. Ein andermal war ich nur müde und abgeschlagen.
Nicht nur jeder Mensch erlebt das Heilfasten anders. Auch derselbe Mensch kann sehr unterschiedliche Erfahrungen machen. Oft ist es gar nicht so ganz einfach festzustellen,

warum das Heilfasten diesmal so unerwartet anders verläuft. Zu viele äußere Einflüsse spielen mit.
Der wichtigste Faktor scheint allerdings die innere Einstellung zum Fasten zu sein. Das zeigt der himmelweite Unterschied zwischen dem aufgezwungenen Hungern und dem freiwilligen Fasten. Das ist eine nach wie vor verblüffende Einsicht, die auch an der Wende zum dritten nachchristlichen Jahrtausend noch viele Rätsel aufgibt: Wenn jemand hungern muß, weil er keine Nahrung mehr auftreiben kann, dann beginnt für ihn schon am dritten, vierten Tag eine unbeschreibliche Qual. Das Hungergefühl wird schmerzhaft und nimmt solche Ausmaße an, daß der Hungernde nur noch an eines denken kann: an das Essen! Seine Phantasie gaukelt ihm die leckersten Speisen vor – und zwar so lebhaft, daß er schließlich glaubt, sie wirklich vor sich zu haben. Die Angst, verhungern zu müssen, wird übermächtig, bis sich Wahnvorstellungen einstellen. Schließlich verfällt der Hungernde in einen Dämmerzustand. Er wird rasch schwächer, unfähig, noch etwas zu leisten oder einen klaren Gedanken zu fassen. Schließlich, um den 45. Tag, stirbt er völlig entkräftet.

Geistige und körperliche Leistungen während des Heilfastens

Völlig anders ist es, wenn jemand freiwillig auf die Nahrung verzichtet und weiß, daß ihm dabei nichts Böses widerfahren kann. Gewiß, zunächst wird auch er vom Hunger geplagt. Und auch er stellt sich vor, wie gut jetzt ein knuspriges Hähnchen oder ein saftiges Steak schmecken müßte. Doch nach etwa drei Tagen ist das in aller Regel vorbei. Und dann fühlt sich der Fastende wohl wie schon lange nicht mehr. Es ist, als hätte man ihm eine schwere Last abgenommen. Die Gedanken beginnen zu wirbeln, sind ungewöhnlich klar und präzise. Es lassen sich Zusammenhänge erfassen, die bislang ein einziges Rätsel waren. Mit Begeisterung liest er plötzlich Bücher, in denen er sonst keine Zeile verstanden hat.

Während der Heilfasten-Therapie werden Romane und wissenschaftliche Abhandlungen von Leuten verfaßt, die sich so etwas nie zugetraut hätten. Die Fastenden schreiben Gedichte und beginnen zu komponieren.

Das alles wird möglich, weil nicht nur der befreite Geist sich aufschwingt, sondern sich auch die Körperkräfte als unglaublich stark und ausdauernd erweisen. Als ich das Heilfasten noch nicht kannte, hatte ich mir das auch so vorgestellt, wie es wohl vielen anderen Menschen ebenso geht, daß man sich dabei entkräftet ins Bett legen müßte, bestenfalls ein paar unsichere Schritte gehen könnte, weil erfahrungsgemäß die miserabel versorgten Muskeln schnell ermüden müßten.

Doch genau das ist nicht der Fall. Unsere Patienten gehen während der Behandlung meistens mehr als je zuvor in ihrem Leben. Fußmärsche von 15, 20 Kilometer am Tag sind keineswegs eine Seltenheit. Und das ohne stärkende »Brotzeit« in der Tasche! Vor allem aber ohne jedes Gefühl, früher oder später vor Schwäche zusammenbrechen zu müssen.

Wer solchen Wanderern begegnet, ist immer wieder erstaunt über deren Fröhlichkeit. Keine schiefen Mienen, denen die Gewaltanstrengung des Hungers ins Gesicht geschrieben stünde. Keine miesepetrige Schweigsamkeit. Kein verdrossenes Dahintraben, in dem wehmütigen Denken an ein köstliches kaltes Bier. Nicht einmal sehnsuchtsvolle Erinnerungen: »Bald dürfen wir wieder so richtig zuschlagen.« Das kann nur nachempfinden, wer es erlebt hat: Fasten bedeutet sehr bald keinen Verzicht, keine Qual, keine Schinderei mehr. Der Fastende lebt nicht in ungeduldiger Erwartung des Tages, an dem er endlich wieder alle die Köstlichkeiten einer üppigen Schlemmertafel genießen darf. Er vermißt nichts. Im Gegenteil: Wenn er schon einmal gefastet, das Gefühl der Befreiung miterlebt hat, dann keimt in ihm eher die Angst vor dem Tag, an dem er das Fasten wieder abbrechen, also wieder essen muß. An diesem Tag – er ist nicht selten der schwerste der Heilfasten-Therapie überhaupt – wird nämlich deutlich, wie anstrengend die Verdauung ist. Mit dem Essen kehren Müdigkeit, Trägheit des Geistes und nicht selten auch die Verstimmung der Seele zurück. Viele, die unter fachgerechter ärztlicher Leitung gefastet haben, versicherten mir: »Am liebsten hätte ich nie wieder etwas zwischen die Zähne gesteckt. Schade, daß man nicht immer in diesem befreiten Zustand leben kann, den das Fasten mit sich bringt.«

Den Rekord im freiwilligen Fasten soll ein Schotte halten. Angeblich hat er, man mag es kaum glauben, 270 Tage lang nur von Wasser und Vitaminen gelebt. Eine Hausfrau aus Ulm fastete unter ärztlicher Beobachtung 100 Tage lang – und baute dabei 104 Pfund ab! Ein vier Zentner schwerer Arbeiter aus England konnte mit Hilfe des Heilfastens sein Gewicht genau halbieren – in 168 Tagen.

Gewiß, solche Zahlen und Daten sind Ausnahmen, gewissermaßen die Sensationen am Rande, aber keinesfalls ein Versprechen und schon gar keine Aufforderung zur Rekordjagd, um hungernd ins Buch der Rekorde zu kommen. Doch sie zeigen eins, und deshalb wurden sie überhaupt erwähnt: So gegensätzlich in den Auswirkungen kann Hungern sein – je nachdem, ob man dazu gezwungen ist, sich vom Tod bedroht fühlt oder ob man sich ihm freiwillig unterwirft in dem Wissen, daß man damit etwas besonders Heilsames unternimmt.

Es beginnt mit der Loslösung vom Alltag

Wenn die erste gründliche Untersuchung des Patienten nach seiner Ankunft zu dem Ergebnis führt, daß Heilfasten angebracht ist, und wenn dieser Therapie nichts im Wege steht – von den »Kontraindikationen« wird noch zu reden sein –, dann erklärt der Fastenarzt zunächst, was unternommen wird, wie es gemacht wird und warum. Und er macht den Patienten mit den wichtigsten Verhaltensmaßregeln vertraut.

- Der Patient muß sich so vollständig wie möglich von seinem Alltag lösen, von seiner gewohnten Umgebung, seinen Pflichten und Berufssorgen. Wie schon erwähnt, müssen wir jede ambulante Behandlung ablehnen. Sie wäre nicht nur unverantwortlich, weil der Fastenarzt Kontrolle und Betreuungsmöglichkeiten verlöre. Sie müßte auch erfolglos bleiben, weil der Fastende viel zu sehr im üblichen Trott »weiterwursteln« würde, dem Streß und anderen schädlichen Angewohnheiten verhaftet bliebe, so daß er gar nicht zur Besinnung finden könnte. Ganz abgesehen davon, daß es für ihn sehr viel schwieriger würde, das Fasten und alles, was dazugehört, durchzuhalten.

Wir versuchen auch zu unterbinden, daß Fastende von der Klinik aus ihre Geschäfte weiterführen, pausenlos telefonieren oder Korrespondenz erledigen. Das alles wirkt sich überaus störend aus. Selbst private Kontaktaufnahmen sollen so weit wie möglich eingeschränkt werden. Der Patient

soll vorübergehend einmal alles, was ihn sonst so sehr beschäftigt, vergessen und Zeit haben für sich selbst.
Dieses Loslösen vom Alltag gehört zur Bereitschaft mitzumachen. Wer von der Klinik aus seinen Betrieb per Telefon, Fax oder Kurier weiterführen wollte, würde gegen die Regeln des Heilfastens ebenso verstoßen wie einer, der ins nächste Gasthaus ausreißt, um sich dort heimlich den Bauch vollzuschlagen.
Die Erfahrungen haben uns gelehrt, daß dieses »Abschalten« beinahe schwieriger ist als die Enthaltung von Speisen. Es gibt allerdings Künstler, Schriftsteller – auch Hausfrauen –, die geradezu darauf brennen, endlich einmal in Ruhe etwas leisten zu können, ein Bild zu malen, ein Buch zu schreiben und dergleichen mehr. Das ist selbstverständlich erlaubt – vorausgesetzt, der Schriftsteller muß nicht unter Zeitdruck einen wichtigen Termin einhalten, sondern er schreibt, was ihm Spaß bereitet und auch täglich nur so viel, wie er ohne Streß zu leisten imstande ist.

- Der Fastenwillige muß Zeit mitbringen. Es hätte wenig Sinn, die Heilfastentherapie auf eine Woche zu beschränken, weil der Fastende sich nicht länger freimachen kann. Zwei Wochen sind das mindeste, was einer mitbringen muß. Und auch diese zwei Wochen können bei manchen Krankheiten einfach zuwenig sein. Ich werde bei der Darstellung der verschiedenen Leiden noch darauf zurückkommen. Wer gesund werden will, der darf es nicht eilig haben.
- Der Fastende wird dazu ermuntert, täglich an die frische Luft zu gehen und sich maßvoll körperlich zu betätigen, vor allem spazierenzugehen. Von Gewaltanstrengungen wird allerdings abgeraten. Die Bewegung ist nicht zuletzt deshalb nötig, weil damit der Organismus daran gehindert wird, scheinbar überflüssige Muskeln als Eiweißquelle abzubauen.

- Verboten sind Vollbäder mit Temperaturen über 37/38 Grad. Sie könnten den Kreislauf zu stark beanspruchen. Der einzige mir bekannte Fall eines »Fastentodes« traf in Japan einen Mann mittleren Alters, der nach 45 Tagen Fasten ohne jede Komplikation gegen das Verbot seines Fastenarztes ein 43 Grad heißes Bad nahm und darin an Herzschwäche verstarb. Er wurde ein Opfer seiner Unvernunft – nicht des Fastens!
- Der Fastende soll möglichst wenig, am besten überhaupt nicht fernsehen. Sie erinnern sich an die Bemerkungen zum Fasten in der Wüste: Das »Abschalten« ist ungemein wichtig. Aufregende Nachrichten oder Krimis würden massive Einwirkungen auf die Körperfunktionen haben und den Fastenden daran hindern, zu sich selbst und zur inneren Ruhe zu finden. Anders gesagt: Wer wirklich so fasten will, daß er dabei »heil« wird, der muß bereit sein, sich in harmonischer, gesunder Umgebung so einzufinden, daß er hier Abstand gewinnt von allem, was ihn sonst bedrückt, belastet, innerlich zerreißt. Er muß zur Ruhe finden, damit der Körper die Aufgabe, die er lösen will, vollkommen ungestört bewältigen kann. Er findet eine Gemeinschaft von Gleichgesinnten vor, die ihn notfalls stützt, und eine ärztliche Führung, die ihm in jeder Situation hilft. Die Einschränkungen, die unbedingt eingehalten werden müssen, sind, gemessen an dem, was sich mit der Therapie erreichen läßt, verhältnismäßig geringfügig.

Mit dem Obsttag geht es los

Das Heilfasten beginnt – nach der gründlichen Aufnahmeuntersuchung mit den nötigen Labortests, mit EKG und einem kompletten »checkup« – mit dem Obsttag. Wir spre-

chen vom »Vorfasten«. Es erleichtert den Übergang von der normalen Ernährung zur völligen Enthaltsamkeit. Zugleich wird eine erste Darmreinigung vorgenommen.
Wer einmal ein Heilfasten mitgemacht hat, der weiß, wie lange sich die Überreste von Mahlzeiten noch in Ecken und Taschen des Dickdarms halten können. Noch Wochen nach Beginn des Fastens gibt der Darm solche Reste ab. Teilweise haben sie sich geradezu »versteinert«, so alt sind sie. Ohne Darmreinigung wären sie wohl niemals ausgeschieden worden.
Interessanterweise nimmt der Fastende in aller Regel schon an diesem Tag beträchtlich ab. Sein Allgemeinbefinden bessert sich zusehends. Atmung, Puls, Blutdruck beginnen bereits, sich zur Normalität hin einzupendeln. Man sieht daran, daß die alten Ärzte, die einen Obsttag pro Monat empfahlen, schon recht hatten. Der Tag, an dem man nichts anderes zu sich nimmt als beispielsweise frische Äpfel, ist ein Heiltag, den jeder für sich – in diesem Fall auch ohne ärztliche Kontrolle – nutzen kann. Vor allem im Frühjahr und dann, wenn es frisches Obst gibt, sollte man den Obsttag einhalten.
Wir verabreichen den Fastenden Äpfel, Apfelsinen, Backpflaumen, Feigen oder auch andere Früchte, je nach der Jahreszeit. Und zwar ist die Menge, die davon gegessen werden darf, nicht beschränkt. Mehr als zwei Äpfel kann man sowieso auf einmal nicht verspeisen. Dann ist man satt.

Tee, Gemüsebrühe, Magerquark

Ab dem ersten Fastentag erhält der Fastende morgens einen Eßlöffel Bittersalz, in einem Viertelliter Wasser gelöst. Das ist ein kräftiges Abführmittel, das wiederum den Darm

reinigt. Das Glas soll in etwa einer Viertelstunde geleert werden. Je nach der Wirkung wird die Bittersalzmenge im Laufe der Therapie reduziert, denn auch diese Darmreinigung darf keine Qual darstellen. Und bekanntlich reagiert jeder Patient anders.
Als Frühstück gibt es dann einen Kräutertee.
Gegen 11 Uhr erhalten vor allem ältere Patienten eine Schale Magerquark – alternativ auch ca. 70 g Joghurt (4 g Eiweiß) oder 125 g Kefir (4 g Eiweiß) oder 1/8 l Buttermilch (5 g Eiweiß). Das hat den Sinn, übermäßigem Eiweiß-Abbau entgegenzuwirken. Der 20prozentige Quark, insgesamt ca. 80 Gramm, enthält 10 Gramm Eiweiß. Jüngere Patienten können in der Regel auf die Eiweißgabe verzichten.
Gegen 12 Uhr gibt es dann eine klare Gemüsebrühe. In ihr befinden sich Vitamine, Spurenelemente, Mineralstoffe, also lediglich Vitalstoffe, keine Aufbau- oder Betriebsstoffe. Zur Ergänzung erhält jeder noch einen speziell für ihn zubereiteten »Cocktail«, bestehend nicht nur aus den wichtigsten Vitaminen und Enzymen, sondern je nach Erfordernis auch aus Spurenelementen, Mineralien, Aminosäuren und Fettsäuren. Im Grunde handelt es sich dabei um eine eigene Therapie – wir sprechen vom Vital-plus-Programm. Der Körper des Fastenden wird mit allem versorgt, was er für seine große Arbeit benötigt. Auch das ist weit mehr als nur eine gängige Vitaminversorgung, vorgenommen nach dem Gießkannenprinzip: Je mehr und vielfältiger, desto besser. Wir dagegen verabreichen genau das, was tatsächlich benötigt wird.
Auf diese Vitalstoff-Versorgung kann nicht verzichtet werden. Denn ebensowenig wie auf das Wasser kann der Körper auf Vitalstoffe verzichten. Er braucht diese »Lebensstoffe« gerade während des Fastens zur Beschleunigung der Abbauprozesse.

Am Nachmittag darf der Fastende Kräutertee, diesmal mit etwas Honig, zu sich nehmen. Der Honig soll den Patienten davor bewahren, daß sein Blutzuckerspiegel nicht übermäßig absinkt. Günstig ist es, den Honig auf mehrere Portionen zu verteilen, damit es nicht zu einem stärkeren Blutzuckeranstieg kommt, der über eine entsprechende Gegenregulierung des Körpers zu einem Hungergefühl führen könnte. In der Regel ist ja gerade das Faszinierende am Fasten, daß der Patient keinerlei Hungergefühle hat. Abends wird dann erneut eine Fastensuppe oder alternativ ein frischer Gemüse- oder Obstsaft verabreicht.
Verteilt auf den ganzen Tag sollen zwei bis drei Liter Wasser getrunken werden, und zwar Mineralwasser, Wasser aus der hauseigenen Quelle oder – wenn der Fastende lieber mag – Kräuter- oder Früchtetee.
Das ist alles – während zwei oder auch vier Wochen. Im Höchstfall erhält der Fastende also knapp 200 Kilokalorien (840 Joule) täglich.

Der »Weg durch die Wüste«

Gewiß, die ersten drei Fastentage wollen durchgestanden sein. Selbstverständlich meldet sich in diesen Tagen der Hunger. Die ersten drei Tage sind denn auch die problematischsten. Manch einer glaubt, den Hunger nicht durchstehen zu können. Er wird dann mürrisch, verdrossen, fängt an, seinen Entschluß, eine Heilfastenkur begonnen zu haben, zu bereuen. Er will auch dem Arzt nicht mehr so recht glauben, daß sich das Hungergefühl verlieren wird.
Ich sage meinen Patienten dann immer: »Die ersten drei Tage, das ist der Weg durch die Wüste. Wer zur Oase will, der muß ihn gehen.«

In diesen ersten drei Tagen empfindet der Fastende naturgemäß auch die Begleitumstände des Fastens besonders deutlich. Ganz allgemein kann man sagen, wer auf die Nahrung nahezu vollständig verzichtet, der hat mit drei besonderen Erscheinungen zu tun: Er schläft weniger tief, er friert leicht, weil der innere »Ofen«, der während der Verdauung sonst tüchtig einheizt, auf kleinste Sparflamme geschaltet ist, und er beginnt, eine spezielle Ausdünstung wahrzunehmen. Das ist der deutliche Hinweis dafür, daß die Ausscheidung von »Müll« voll eingesetzt hat. Mein verehrter Lehrmeister Dr. Otto Buchinger pflegte seinen Fastenden zu sagen: »Man kann einen Stall nicht ausmisten, ohne daß es stinkt!« Das klingt zwar sehr drastisch, doch es bezeichnet den Vorgang treffend: Der Fastende hat eine belegte Zunge, verstärkten Zahnbelag, übelriechenden Mundgeruch. Und auch die Haut beginnt der vermehrten Ausscheidungen wegen zu riechen.
Es gibt einige praktische Hilfen, um diesem Phänomen der Entschlackung über Haut und Schleimhäute zu begegnen. Der Zahnbelag wird zweimal täglich beim Zähneputzen abgetragen. Gegen den Mundgeruch, sollte er zu lästig werden, bekommt der Patient eine Zitronenscheibe, die er auslutschen darf, oder etwas Petersilie, die er kaut. Die regelmäßig gelutschten Zitronenscheiben haben zusätzlich den Sinn, einer während des Fastens möglichen Übersäuerung des Organismus vorzubeugen. Zitrone schmeckt zwar sauer, wirkt aber basisch. Die Haut, das größte Ausscheidungsorgan unseres Körpers, erfährt eine besondere Pflege: Mehrmals in der Woche gibt es warme, nicht heiße Bäder. Der Patient wird angewiesen, regelmäßig trockene und nasse Abreibungen vorzunehmen, so daß die mobilisierten Abbaustoffe auf der Haut nicht von Bakterien zersetzt werden, also auch nicht unangenehm zu riechen beginnen.

Als besonders hilfreich und für den Patienten sehr angenehm haben sich während des Heilfastens die Ionozonbäder erwiesen: Der Körper des Patienten steckt dabei in einer geschlossenen Kabine, sein Kopf ist frei. In der Kabine wird ein Ozon-Sauerstoffgemisch, fein zerstäubt in Wasserdampf, eingesprüht. Die Haut des Körpers wird dabei stark überwärmt, also besonders gut durchblutet. Sie scheidet vermehrt Abfallstoffe aus – und nimmt gleichzeitig den Sauerstoff auf. Darüber hinaus wird eine anhaltende Entspannung erreicht.

Schließlich verabreichen wir auch noch Massagen, Lymphdrainagen und bieten den Fastenden Behandlungen und Beratungen in der Anwendung biologischer natürlicher Kosmetik an. Das ist ja der unschätzbare Vorteil des Aufenthalts in der Klinik: Der Patient, der fastet, hat endlich einmal Zeit, sich zurückzulehnen und behandeln zu lassen. Und er erlernt viele wichtige Gesundheitsmaßnahmen, die er später, nach dem Fasten, möglichst beibehalten sollte.

Der Fastende wird außerdem aufgefordert, immer wenn die Witterung es erlaubt, frische Luft an seinen Körper heranzulassen. Sonnen- und Luftbaden gehören beinahe unverzichtbar zum Heilfasten – in wohldosierter Form. Die gut durchblutete Haut und damit ihr optimales Funktionieren als Ausscheidungsorgan ist sehr wichtig. Frische Luft und Bewegung in Sonne und Luft verbessern die Ausscheidung der Schadstoffe und Schlacken.

Erfahrungsgemäß beherrscht der Fastende die »Begleitumstände« des Fastens ziemlich schnell. Und weil, wie erwähnt, zu Beginn stolze Erfolge beim Schlankwerden verzeichnet werden, ist die erste kritische Fastenphase in aller Regel rasch überwunden. Danach klärt sich auch die Verstimmung schnell auf, ja schlägt nicht selten in eine gewisse

Euphorie um. Dann muß der Arzt seinen Patienten sogar in seinem Aktivitätsdrang drosseln, ihm die Grenzen der Belastbarkeit aufzeigen, ihn davon abhalten, beispielsweise Wanderrekorde aufstellen zu wollen.
Nachdem der Patient die Gemüsebrühe eingenommen hat, bekommt er täglich zur Unterstützung der Leberfunktionen einen feuchten, warmen Leberwickel. Er legt sich dabei für wenigstens eine halbe Stunde ins Bett. Der Leberwickel hat aber noch einen zweiten wichtigen Aspekt: wohlig eingepackt, ähnlich wie ein zufriedener Säugling, erlebt der Patient eine angenehme und tiefe Entspannung und wird sich des so wichtigen Lebensprinzips einer ständigen Polarität zwischen Aktivität und Bewegung auf der einen sowie Ruhe und Loslassen auf der anderen Seite bewußt. Noch einmal erwähnt werden sollte bei der Schilderung des Tagesablaufs, daß der Fastende so viel wie möglich trinken soll und zwar Wasser, Mineralwasser, Quellwasser (das Brunnenwasser unserer Schwarzwaldklinik ist reinstes Quellwasser) oder Tee, wie er es lieber mag.

Die notwendige ärztliche Kontrolle

Zum Heilfasten gehört nun unbedingt die tägliche »Arztvisite«. Ein wichtiges Untersuchungsgerät dabei ist das Blutdruckmeßgerät. Durch das Fasten kann es im Einzelfall nämlich zu einem stärkeren Blutdruckabfall kommen, der vor allem bei einer fortgeschrittenen Arteriosklerose und zu geringer Flüssigkeitszufuhr, zu Durchblutungsstörungen im Gehirn und damit zu einer Mangelversorgung führen kann.
Ein Heidelberger Ärzteteam, das 35 Patienten mit massivem Übergewicht während einer Null-Diät-Therapie sta-

tionär betreute, veröffentliche vor einigen Jahren die ernste Warnung: kein Fasten bei Arteriosklerose! Zwei Patienten waren nämlich während der Therapie erkrankt. Der eine wurde auf einem Auge blind, der andere halbseitig gelähmt. In beiden Fällen war die Ursache der Störungen ein zu rasches Absinken des Blutdrucks. In beiden Fällen verschwanden die Schäden allerdings wenige Tage nach dem Abbruch der Fastenkur wieder.
Diese Warnung, in einer Ärztezeitschrift veröffentlicht, ist allenfalls für Laien angebracht, die eine Fastenkur auf eigene Faust und ohne Betreuung des erfahrenen Fastenarztes durchführen wollen. Unter fachmännischer Leitung ist ein solcher Zwischenfall völlig ausgeschlossen, weil die Blutdruckwerte ebenso wie die Zuckerwerte, wie die Blutwerte ganz allgemein, wie das Gewicht, wie der Bedarf an Vitaminen, Mineralstoffen, Spurenelementen, Aminosäuren und Fettsäuren ständig überprüft und Abweichungen von der Norm sofort korrigiert werden. Das heißt aber nicht, dem Patienten würde täglich Blut »abgezapft«. Diese Maßnahme wäre übertrieben und nur eine unnötige Quälerei des Fastenden. Der Fastenarzt kennt die Symptome auch so. Bei meinen über 50 000 Heilfasten-Therapien kam es, dank der sorgfältigen Kontrolle, nicht in einem einzigen Fall zu einem ernsthaften Zwischenfall, schon gar nicht zu einer gesundheitlichen Schädigung. Auch nicht bei Patienten mit fortgeschrittener Arteriosklerose. Im Gegenteil: Gerade bei der Arteriosklerose empfiehlt sich das Heilfasten.

In der »Oase«

Ab dem vierten Tag verliert sich das Hungergefühl – vorausgesetzt, man hat wirklich nichts zwischendurch »genascht«, und vorausgesetzt, man steigert sich nicht in die Angst hinein, man wäre doch wohl dem Hungertod ausgeliefert. Auch solche Ängste gibt es gelegentlich. Und dann nützt es auch nicht allzuviel, den Betreffenden zu belegen, daß schon einige hunderttausend Menschen das Heilfasten nicht nur schadlos überstanden haben, sondern dabei gesund geworden sind.

In der Regel aber fühlt sich der Fastende ab dem vierten Tag befreit – ja wie einer, der nach beschwerlicher »Durststrecke« durch die Wüste die herbeigesehnte Oase erreicht. Zu diesem Zeitpunkt sind meistens auch die psychischen Krisen überstanden. Und wenn sich die Leiden, deretwegen die Patienten das Heilfasten begonnen haben, zunächst verstärkt noch einmal gezeigt haben, dann klingen sie nun ziemlich schnell ab. Die ersten überzeugenden Erfolge des Fastens zeigen sich, die Ruhe beginnt zu wirken, die innere Nervosität ist wie verflogen. Leute, die es zuvor nicht mehr schafften, auch nur eine Minute ruhig zu sitzen, ohne von innerer Unruhe gepackt zu werden, die glaubten, niemals ohne Zigarette auszukommen oder gar ohne Gaumenfreuden, sind zu Müßiggängern im besten Sinn geworden. Und sie vermissen überhaupt nichts. Sie wandern, sie sitzen zusammen und plaudern gelöst und heiter, sie spielen, sie schwimmen ein paar Runden und kümmern sich um ein gepflegtes Aussehen, als gäbe es die bisher so kostbare Zeit überhaupt nicht mehr. Ja, sie sind zumindest ein stückweit wieder Menschen geworden, die den Augenblick zu leben verstehen. Und wie schon erwähnt: Manche von ihnen erbringen in den Wochen des

Heilfastens erstaunliche Leistungen auf schriftstellerischem oder künstlerischem Gebiet.
Ein Unternehmer gestand mir einmal: »Sie werden es nicht glauben, aber bei Ihnen in der Klinik mache ich meine eigentlichen Gewinne.« Und diesen verblüffenden Satz erklärte er so: »Endlich habe ich Zeit, über die noch effektivere Organisation meines Betriebes nachzudenken. Meine Einfälle sind so klar und so überraschend gut, daß ich später, wenn ich zurückgekehrt bin, davon enorm profitiere. Ich habe immer ein kleines Tonbandgerät bei mir. Damit halte ich alles fest, was mir so in den Sinn kommt. Meine Mitarbeiter zittern schon jedesmal bei der Vorstellung: Was wird der ›Alte‹ diesmal wieder beim Fasten ausgeheckt haben? Ich bin ganz sicher: Ohne Fasten wäre ich nicht nur selber ein Wrack, auch mein Betrieb wäre die Hälfte wert.«
Wie gut die Fastenden mit ihrer Situation zurechtkommen, das zeigt auch eine kleine Beobachtung am Rande: Mit großer Vorliebe lesen sie Speisekarten! Auch ihre Gespräche drehen sich oft um besondere Gaumenfreuden. Doch dabei läuft ihnen nicht das Wasser im Munde zusammen. Sie verspüren kein Bedauern, daß ihnen diese Freuden im Augenblick verwehrt sind. Nein. Fastende spazieren gelegentlich durch unseren Speisesaal, um zu sehen, wie andere Patienten, die keine Heilfasten-Therapie machen, dort ihre Mahlzeiten verzehren. Und dann kann man hören, wie sie zueinander sagen: »Schau diese armen Leute an. Was die alles reinstecken müssen!«
So vollkommen stehen sie über dem Bedürfnis, essen zu müssen! Sie können sich schon gar nicht mehr vorstellen, daß man soviel Essen überhaupt zu schlucken vermag.

Und wann ist genug gefastet?

Wie bei anderen Dingen gilt auch beim Heilfasten nicht immer: je mehr, desto besser. Die Fastendauer richtet sich nach dem Zustand des Patienten, nach der Art seiner gesundheitlichen Störungen und dem Verlauf der Therapie.
Früher galt als Regel: Das Fasten kann abgebrochen werden, wenn der Belag auf der Zunge wieder verschwindet. Wir sind heute von dieser »Idealvorstellung« abgekommen. Wir warten auch nicht mehr darauf, daß der schlechte Mundgeruch sich verloren hat. Ein solches »biologisches Ausgefastetsein« ist als ein theoretisch formuliertes Wunschziel ein nahezu immer unerfüllbarer Wunschtraum. Es ist aber auch gar nicht erforderlich, darauf zu warten. Wer in regelmäßigen Abständen heilfastet, etwa alle zwei Jahre, und das zwei oder drei Wochen lang, der kann damit weitaus mehr erreichen als durch ein einmaliges, endloses Fasten, das von einem bestimmten Punkt ab in eine Hungerkur umschlagen kann.
Ganz allgemein kann man für die Fastendauer folgende Faustregeln festhalten:

- Jedes Fasten, wie kurz es auch dauern mag, ist grundsätzlich gesund. Zu kurzes Fasten bringt aber kaum einen echten Heileffekt. 14 Tage sollten deshalb, will man ein Leiden auskurieren, nicht unterschritten werden, sonst ist man damit kaum über die erste schwierige Phase hinausgekommen und mitten im Abbauprozeß steckengeblieben. Man konnte nicht bis zur nötigen »Krise«, dem eigentlichen Wendepunkt vorstoßen.
- Eine Fastentherapie, die länger als 40 Tage dauert, wäre wohl in den meisten Fällen übertrieben. Nur im ganz speziellen Einzelfall, etwa bei krankhaftem, gefährlichem Übergewicht, könnte sich der Arzt dazu entschließen.

- Je hartnäckiger sich ein chronisches Leiden, etwa Rheuma, Schuppenflechte, schon hinzieht, desto länger oder häufiger wird die Heilfasten-Therapie angesetzt werden müssen.
- Auch Herz-Kreislauf-Erkrankungen und Übergewicht, das 20 Prozent des Normalgewichts überschreitet, sind in der Regel nicht mit kurzer Fastendauer und einer einmaligen Therapie zu »heilen«. Es empfiehlt sich ein erstes Heilfasten von wenigstens 18 Tagen und eine Wiederholung nach einem halben Jahr von wenigstens 14 Tagen.
- Grundsätzlich können korpulente Patienten länger fasten als magere. Doch empfiehlt sich das Heilfasten keineswegs nur für Übergewichtige.
- Das Alter setzt dem Heilfasten praktisch keine Grenzen. Bei mir haben auch schon 70jährige mit vollem Erfolg gefastet, um sich hinterher wie 50jährige zu fühlen.

Das »Fastenbrechen« – schwieriger als das Fasten selbst

Ist der Zeitpunkt gekommen, das Fasten zu beenden, kommt für viele Fastende erst der schwierigste Teil der Heilfasten-Therapie: Der Körper, der so lange keinen Bissen bekommen hat, muß Schritt für Schritt wieder an das Essen gewöhnt werden. Und das ist gar nicht so einfach.
Wir beginnen mit der ersten Nahrung um die Mittagszeit des letzten Fastentages. Der »Fastenbrecher« bekommt als erste Mahlzeit einen rohen Apfel, der ganz intensiv und ganz langsam gekaut werden sollte. Zum einen ist dies ein ganz besonderes, intensives Geschmackserlebnis – »der schönste Apfel meines Lebens« –, zum anderen ist es für den Organismus ein entscheidendes Signal, daß

nun wieder behutsam auf »normale« Ernährung umgeschaltet wird.
Abends gibt es einen kleinen Teller Kartoffel-Gemüsesuppe, die in kleinen Happen und gut eingespeichelt gegessen werden soll. Diese Suppe ist völlig ungesalzen. Der stark entwässerte Körper würde in dieser Phase des Wiederaufbaus nichts schlechter vertragen als Salz. Dieses würde geradezu gierig jeden Tropfen Flüssigkeit an sich binden und im Körper speichern. Dabei könnte es zu Wasseransammlungen, sogenannten Ödemen, kommen. Auf jeden Fall aber würde sich der Patient zerschlagen fühlen.
Müde wird er durch das erste Essen so oder so. Denn jetzt müssen Körperkräfte, die lange Wochen frei waren, wieder für die Verdauung eingesetzt werden. Bis zu fünf Tagen dauert es, ehe der Körper sich wieder an das Essen gewöhnt hat. In diesen Tagen fühlt man sich vor allem geistig »benebelt«. Die in den letzten Wochen so sprudelnden Quellen der Phantasie, der Ideen und Einfälle, sind wie versiegt. Man kommt sich vor, als wäre man überhaupt nicht richtig wach.
Die »Fastenbrecher« sollten in der ersten Woche nach dem Fasten möglichst salzlose Speisen erhalten, kein tierisches Eiweiß (Fleisch, Eier, Fisch), alle blähenden Speisen wie Bohnen und Erbsen werden vermieden – und überhaupt sollte nur sehr wenig und möglichst langsam gegessen werden.
Der Speiseplan für diese Tage sollte etwa folgendermaßen aussehen:

1. Tag:
Vor dem Frühstück: Eingeweichte Dörrpflaumen.
Frühstück: Eine Tasse Kräutertee und ein Vollkornknäkkebrot sowie 50 g Kräuterquark.

Mittagessen: Grüner Salat, geraspelte gelbe Rüben, etwas Kartoffelbrei.
Nachmittags: Eine Tasse Tee, mit Honig gesüßt, dazu ein Knäckebrot.
Abends: Obstsalat, eine Scheibe mit Butter bestrichenes Vollkornbrot und eine Tasse Kräutertee.
Dazu kommen drei Äpfel, die man, über den Tag verteilt, zwischen den Mahlzeiten verspeist.

2. Tag:
Vor dem Frühstück: Eingeweichte Dörrpflaumen.
Frühstück: Eine Tasse Buttermilch, Müsli, eine Scheibe mit Butter bestrichenes Vollkornbrot.
Mittagessen: Ein leicht gekochtes Gemüse, etwas Reis, Obst oder Quark als Nachtisch.
Nachmittags: Eine Scheibe Knäckebrot mit etwas Butter bestrichen, eine Tasse Tee.
Abends: Eine gemischte Salatplatte, ein Stück Vollkornbrot mit Butter bestrichen oder mit Magerkäse belegt, dazu eine Tasse Kräutertee.

3. Tag:
Vor dem Frühstück: Eingeweichte Dörrpflaumen.
Frühstück: Eine Tasse Buttermilch, ein Stück Vollkornbrot mit etwas Butter und Marmelade bestrichen.
Mittagessen: Rohkostplatte mit zwei Pellkartoffeln, Joghurt.
Nachmittags: Eine Scheibe Knäckebrot mit Butter und Honig, dazu eine Tasse Tee.
Abends: Quark mit Gewürzkräutern, eine Scheibe Vollkornbrot mit etwas Butter bestrichen, Kräutertee.

4. Tag:
Vor dem Frühstück: Eingeweichte Dörrpflaumen.
Frühstück: Eine Tasse Buttermilch, Müsli, eine Scheibe Vollkornbrot mit Butter und Marmelade bestrichen.
Mittagessen: Rohkost-Vorspeise aus frischem Gemüse, leicht gekochtes Gemüse und Kartoffeln. Obst oder Quark als Nachspeise.
Nachmittags: Eine Scheibe Knäckebrot mit etwas Butter bestrichen, eine Tasse Tee.
Abends: Käseplatte mit einer Scheibe Vollkornbrot und etwas Butter, eine Tasse Kräutertee.

Ab dem 5. Tag darf dann langsam auch wieder Fleisch auf dem Speiseplan auftauchen. Doch damit beginnt man ganz langsam und in kleinen Mengen. Je »schonender« mit dem Essen wieder begonnen wird, desto leichter verkraftet es der Körper.
Und das ist weit mehr als nur ein schöner, erwünschter »Nebeneffekt« des Heilfastens: Die oben skizzierte Diät zum Wiederaufbau wäre für jeden »Normalbürger« eine reine Tortur, die nur Mißmut, Hunger, das Gefühl der geschmacklosen Schalheit einbringen würde. Für den, der die Heilfasten-Therapie beendet hat, stellt sie schon beinahe eine Überfülle dar. Und er vermißt in aller Regel weder das Salz noch besondere Leckerbissen. Nicht wenige Fastende, die zuvor viel zuviel Salz, zuviel Fett und überhaupt in jeder Weise zu üppig gegessen haben, lernen ganz neu und vernünftig und gesund zu speisen – ohne daß ihnen die Freude am guten Essen genommen wäre.
Wer vorher geglaubt hatte, er könnte keine Mahlzeit ohne Salz zu sich nehmen, der entdeckt plötzlich, daß weniger Salz, statt dessen köstliche Gewürze, eine Speise wunderbar verfeinern können. Es ist, als hätte während des Fastens

auch der bis dahin verbildete und überstrapazierte Geschmackssinn zu einem neuen, gesunden »Gespür« zurückgefunden. Er ist tatsächlich viel empfindsamer geworden.

Und so kommt es, daß beim Heilfasten nicht nur die meisten das Rauchen endgültig aufgeben, sondern hinterher auch auf Exzesse verzichten können, ohne daß ihnen das geringste fehlen würde. So, wie die Zigarette einfach nicht mehr schmeckt, wie das süchtige Verlangen danach vorbei ist, so mag der geläuterte Geschmackssinn auch keine versalzenen Speisen mehr. Eine Chance, die keine andere Therapie anzubieten vermag!

Deutlich angemerkt werden muß an dieser Stelle: Der Tag des Fastenbrechens stellt die »Halbzeit« der Gesamttherapie dar. Das heißt: Wer beispielsweise 21 Tage lang gefastet hat, der sollte anschließend noch einmal 21 Tage lang wiederaufbauen. Dazu gehört das schonende Essen ebenso wie das langsame, schrittweise Wiedereinsteigen in den Arbeitsalltag. Wer sofort wieder voll zupacken wollte, der müßte mit gesundheitlichen Störungen rechnen – und er würde den Erfolg des Fastens sehr rasch zunichte machen. Bei einem, der nur 14 Tage gefastet hat, dauert die Aufbauphase 14 Tage. Drei, vier Tage davon verbringt er in der Regel sowieso noch in der Klinik.

Diese Aufbauphase muß also, wer das Heilfasten mitmachen will, von vornherein miteinkalkulieren. Wer 18 Tage lang zu uns kommen will, der kann bestenfalls 14 Tage lang fasten.

Ein Patient schildert sein Heilfasten

Der Journalist Norbert A. Wolf hat sich genau 20 Tage lang im Schwarzwald Sanatorium Obertal aufgehalten und hier unter meiner Betreuung eine Heilfasten-Therapie durchgeführt. Er schildert sein »Erlebnis«:

Wenn Sie sich vorstellen, was man landläufig unter einem »rasenden Reporter« versteht, dann können Sie sich am leichtesten ein Bild von mir machen. Ich bin einer von dieser Sorte, die von einer »Sensation« zur anderen gepeitscht wird.

Seit nunmehr 12 Jahren arbeite ich bei einer großen Zeitung in Köln als Polizei-Reporter. Ein aufregend schöner, mitunter aber aufreibender, gelegentlich auch enorm belastender Beruf. Täglich begegne ich einer neuen Facette des Lebens. Und meistens sind es die traurigen, bedrückend schlimmen, ja abscheulichen Seiten, eben alles, womit die Polizei konfrontiert wird: Katastrophen, Unglücke, schwere Unfälle, scheinbare Ausweglosigkeit, Verbrechen – menschliche Tragödien, unfaßbare Schicksale, über die man nicht einfach berichten kann, um sich danach befriedigt im heimischen Sessel auszustrecken. Wer einmal eine junge Mutter aufsuchen mußte, deren beide Kinder eben auf dem Gehsteig von einem Betrunkenen überfahren wurden, wer nach Worten gerungen hat, dieser vom Schmerz zerrissenen Frau das Mitempfinden auszudrücken und ihr klarzumachen, daß man nicht aus Sensationslust oder als »Leichenfledderer« zu ihr kommt, daß man kein gefühlloser Journalist ist, der sich einen Dreck um Trauer und Schmerz anderer Menschen kümmert, sondern einer, der ganz einfach den Auftrag hat, ein Foto der so sinnlos Getöteten zu besorgen und einige Hintergründe zu erfragen, der hat eine kleine Ahnung von meinem Beruf.

Die unfaßbare Diagnose

Ich war gerade 35 Jahre alt geworden, als ich mich schrecklich ausgelaugt, ja ausgebrannt fühlte. Schon eine Stunde nach dem Aufstehen war ich wieder todmüde. Meine Konzentrationsfähigkeit war miserabel geworden. Manchmal raste ich mit meinem Wagen durch die Stadt – und wußte plötzlich nicht mehr, wohin ich eigentlich wollte. Ich vergaß die wichtigsten Dinge, und immer häufiger unterliefen mir Flüchtigkeitsfehler. Nicht zu reden von der Wetterfühligkeit, von mehr oder weniger regelmäßigen Kopfschmerzen.

Selbst meinen Kollegen fiel mein krasser Leistungsabfall auf. »Mensch, du bist vielleicht urlaubsreif. Willst du nicht einmal richtig ausspannen?« fragte mich mein Chef.

Ich spürte irgendwie: Mit mir stimmt etwas nicht. Diese Zerschlagenheit, das kann nicht Überarbeitung sein. Tatsächlich fühlte ich mich nach einem vierwöchigen Urlaub auch nicht wesentlich besser. Nun bekam ich richtig Angst.

Da wollte ich es nicht länger hinausschieben. Ich ging zum Arzt, um mich gründlich untersuchen zu lassen. Das Ergebnis war einfach niederschmetternd: »Sie haben Arteriosklerose. Vor allem die Herzkranzgefäße und die Halsschlagader sind bereits stark verengt«, sagte der Arzt. Hätte er gesagt: »Sie sind krebskrank«, hätte mich das nicht so sehr erschüttert. Und ich bäumte mich gegen diese Diagnose auf: »Aber bitte sehr, ich bin noch nicht 60. Auch nicht 50. Haben Sie nicht zufällig meine Untersuchungsunterlagen mit denen eines alten Mannes verwechselt?«

Der Arzt schüttelte den Kopf. »Leider nein. Ich wollte, ich könnte Ihnen einen günstigeren Bescheid geben.«

»Aber, aber«, stotterte ich verwirrt, »verkalkt in meinem Alter, das gibt es doch gar nicht. Das muß ein Irrtum sein.«

Es war keiner, wie mir ein zweiter Arzt bestätigte. Und beide wiederholten, was sich noch ungeheuerlicher anhörte: »Dagegen ist kein Kraut gewachsen. Wir können nur zusehen, daß die Krankheit nicht schlimmer wird. Wir müssen die Blutfettwerte sehr genau überwachen. Sie müssen aufhören zu rauchen und anfangen, gemäßigter zu leben.«

War das wirklich alles, was die Medizin mir zu bieten hatte? Wurde ich nicht mit völlig realitätsfremden Forderungen entlassen: Sieh zu, wie du selber damit fertig wirst! Sollte ich mir etwa einen anderen, weniger aufregenden Beruf suchen? Mußte ich mich wirklich damit abfinden, mit 35 Jahren schon ein Greis zu sein? In meiner Not begann ich, alles zu lesen, was über Arteriosklerose zu finden war. Ich wühlte mich regelrecht durch die greifbare Literatur – und stieß schließlich auf das Wort Heilfasten. »Bei sachkundiger Führung läßt sich eine Reinigung der Blutgefäße erreichen«, so hieß es in einem kleinen Buch.

Das war für mich das Stichwort. Ich rief die Privatklinik in

Obertal an und fragte, wann ich kommen könnte. Plötzlich war nichts mehr wichtiger als die Wiederherstellung meiner Gesundheit. Glücklicherweise konnte ich einen kurzfristigen Termin bekommen. Ich packte meine Koffer und reiste an, entschlossen, alles über mich ergehen zu lassen, und wäre es auch noch so schwer durchzuhalten.

Chefarzt Dr. Geesing studierte die ärztlichen Unterlagen, die ich vorsorglich mitgebracht hatte, und untersuchte mich. Er bestätigte die Diagnose der beiden Ärzte und stimmte dem Heilfasten zu.

»Wenn ich das hinter mir habe, werde ich nur noch aus Haut und Knochen bestehen, vorausgesetzt, die Ruhe hier hat mich nicht vorher schon umgebracht«, meinte ich mit bitterem Scherz. Ich hatte, überdeutlich gesagt, die Hosen voll und befürchtete ein unsägliches Martyrium. Doch Dr. Geesing lächelte nur: »Sie werden staunen, wie schnell diese Tage vorüber sind – und wie leicht Sie sie bewältigt haben.«

Solchen Versicherungen stand ich doch sehr mißtrauisch gegenüber. Ich schlich durch das Haus und musterte mit gesteigertem Interesse meine Leidensgenossen. Nun gut, die Privatklinik machte überhaupt nicht den Eindruck eines Krankenhauses. Ich hatte eher den Eindruck, mich in einem Hotel erster Klasse zu befinden. Überall dicke, kostbare Teppiche, Blumen, bequeme Polstermöbel. Keinerlei Klinik-Mief, kein Kohlgeruch, ich konnte noch so herumschnüffeln. In meinem Zimmer fühlte ich mich auf Anhieb wohl. So wollte ich eigentlich schon lange einmal Urlaub machen. Nur die Stille bedrückte mich zunächst. Deshalb machte ich mich nach kurzer Ruhepause wieder auf »Erkundungsreise« durch die Klinik und um sie herum.

Erstaunliche Erfahrungen

Die erste große Überraschung bei der Begegnung mit anderen »Gästen« war: Hier befand ich mich keineswegs unter »Tattergreisen«, kränkelnden Senioren, Übergewichtigen, Leidenden.
Im Gegenteil. Vom Hallenbad schallte mir heitere Fröhlichkeit entgegen. Dort traf ich junge Menschen, sogar einige Kinder. Und dann erfuhr ich: Hier, an diesem schönen Flecken zwischen anmutig sanften Schwarzwaldbergen, hatten sich nicht nur Fastende eingefunden, nicht nur »Patienten«, sondern viele, die sich vorgenommen hatten, etwas zu tun, um gesund zu bleiben, um die Abwehrkräfte zu stärken, um sicher zu sein, daß sie nicht mit dem befürchteten »Schuß vor den Bug«, dem Ausbruch eines verborgenen Leidens, rechnen mußten.
Nicht nur sie, auch die Rheumakranken, die Asthmatiker, die Herz-Kreislauf-Patienten – und die »Hungerkünstler« wirkten unerwartet freundlich, ja fröhlich. Ich wurde von allen Seiten begrüßt, als wäre ich ein alter Bekannter. Jeder wollte mich auf eine Besonderheit der Klinik hinweisen. »Wir spielen dreimal in der Woche Tennis. Wollen Sie nicht mitmachen?« Und: »Heute abend ist ein Konzert mit Schubertliedern. Das dürfen Sie auf keinen Fall versäumen.« Und so weiter.
Nein, hier war ich nicht in der »Schwarzwaldklinik«, wie ich sie vom Fernsehen her kannte, nicht in einem alten Bau aus dem letzten Jahrhundert mit Intensivstation und heulendem Krankenwagen vor der Tür. Hier war ich im Schwarzwald Sanatorium, einem höchst modernen Hotel, das auch verwöhntesten Ansprüchen genügen kann.
Trotzdem: Am meisten beruhigte mich die Entdeckung eines Firstclasshotels direkt gegenüber der Privatklinik. Und

dorthin flüchtete ich mich zunächst, um noch einmal köstlich zu speisen – so als wäre es das allerletztemal: Schwarzwälder Bauernspeck, Kirschwasser, ein deftiges Bauernbrot. Danach war ich bereit, mich in das Abenteuer Heilfasten zu stürzen.

Um ganz ehrlich zu sein: Die ersten drei Tage waren für mich grauenhaft. Bohrender Hunger quälte mich. Ich griff nach den frischen Äpfeln, obwohl ich nie viel von Obst gehalten hatte. Ich packte meine Schreibmaschine aus und versuchte zu arbeiten. Ich stürmte aus dem Haus und stand auch schon vor der heimeligen Schwarzwaldstube. »Nur ein Schnaps. Ein einziger Schnaps kann doch nicht so schlimm sein!« Glücklicherweise erblickte ich im letzten Moment den Herrn Generaldirektor aus Karlsruhe, den ich vor wenigen Stunden kennengelernt hatte. Er winkte mir und lud mich ein, ihn auf einen kleinen Spaziergang zu begleiten. Ich schämte mich, denn sicher hatte er mich durchschaut. Doch er sagte nur so nebenhin: »Ich stand schon gut ein dutzendmal vor diesem einladenden Haus. Das ergeht uns allen so. Kommen Sie mit. Ich gehe ungern alleine.« Wenig später wanderten wir bereits zu viert. Und es war eine lustige, fast übermütige Runde.

In mir wurde sofort der Journalist wach: ein Interview mit dem Herrn Generaldirektor! Wo bekäme ich schon eine ähnlich günstige Gelegenheit! »Gerne!« erwiderte mein Begleiter, »aber nicht jetzt und nicht hier. Ich bin einer Unterhaltung nicht abgeneigt. Ich erzähle Ihnen auch von meiner Arbeit. Doch Sie sollten vorübergehend Ihren Beruf einfach vergessen. Kommen Sie, wenn Sie das Heilfasten beendet haben, bei mir in Karlsruhe vorbei.«

»Fast hätte ich aufgegeben«

Dann war ich wieder allein in meinem Zimmer. Und der Hunger begann von neuem zu bohren. Ich legte mich auf das Bett und starrte zur Decke. Mein ganzer Körper vibrierte. Die Stille begann, in meinen Ohren zu dröhnen, so seltsam sich das anhören mag. Die innere Unruhe machte sich in einem unerträglichen Kribbeln bemerkbar. Ich hätte mich gerne in irgendeine Betriebsamkeit gestürzt, um nicht an würzige Speisen denken zu müssen. Endlich gab es wenigstens ein Programm im Fernsehen. Aber weder das Lesen noch Schreiben konnten mich ablenken. Ich glaube, an diesem ersten Abend habe ich sämtliche Freunde, die Familie, Arbeitskollegen angerufen, die mir einfielen. Ich war fest entschlossen, meine Sachen zusammenzupacken und heimzufahren.

Am dritten Tag ging ich zum Chefarzt, um ihm meinen Entschluß mitzuteilen. Dr. Geesing lachte nur: »Jetzt, wo Sie das Schlimmste bereits hinter sich haben, wollen Sie aufgeben? Glauben Sie mir, morgen ist alles vorbei. Und dann fühlen Sie sich so gut wie schon seit langem nicht mehr. Also: Warten Sie bis morgen. Wenn Sie dann immer noch gehen wollen, dann bitte schön. Aber ich bin ganz sicher: Es wird Ihnen nicht mehr im Traum einfallen.«

Ich schlich beschämt in mein Zimmer zurück. In dieser Nacht schlief ich unruhig. Und ich sagte mir, wenn ich wach lag: »Sobald es hell ist, wird mich keiner mehr zurückhalten!« Ich war regelrecht verzagt, mutlos und kannte nach wie vor nur ein einziges Ziel: möglichst schnell wieder ins Leben zurückzukehren – in den Zustand, den ich für das Leben hielt!

Das Leben auf den Punkt gebracht

Der Morgen kam – und ich sah die versprochene Oase vor mir liegen. Ich konnte es noch gar nicht fassen und mißtraute meinem eigenen Gespür.

Ja, und das war tatsächlich die Wende. Der Hunger machte mir keinerlei Probleme mehr, die Stille und die Ruhe wurden plötzlich als Labsal empfunden. Ich fühlte mich von Tag zu Tag wohler. Meistens verließ ich schon morgens das Haus, ging ein paar Schritte in eine Waldlichtung hinauf, setzte mich auf einen gefällten Baumstamm und »träumte« in den Tag hinein. Unglaublich, wie die Gedanken sprudelten, was mir in solchen beglückenden Augenblicken einfiel, wie klar ich plötzlich Probleme durchschaute. Ich hatte immer ein großes Notizbuch bei mir und schrieb die interessantesten Einfälle auf: Skizzen zu einer Geschichte, die ich immer schon einmal schreiben wollte.

Das Merkwürdige bei diesen »Betrachtungen«: Sie kehrten immer zu mir, zu meiner Situation, zu meinen »Lebensplänen« zurück. Und die Fragen, die ich an mich selbst richtete, wurden immer noch dringender, fordernder: »Was willst du eigentlich? Welchen Sinn willst du deinem Leben geben?«

Das war nicht nur eine rein intellektuelle Auseinandersetzung, sondern etwas, das mich im Innersten packte, starke Gefühlsregungen nach allen Seiten hin auslöste. Bald schwelgte ich in höchstem Glückserlebnis, bald war ich völlig verwirrt, trübselig, ja wütend auf mich selbst.

Und dann gab es Stunden, in denen ich irgendeinen brauchte, mit dem ich reden konnte, wobei es wiederum nicht um Belanglosigkeiten und Nebensächlichkeiten, sondern einzig und allein um Kernfragen ging: »Wie werden Sie Ihr Leben ändern, wenn Sie von hier zurückkehren?«

Oft saß ich mit einem Gast oder in einer kleinen Runde mit anderen beisammen bis tief in die Nacht hinein, und wir diskutierten. Eigentlich hätte ich diese Gespräche auf Tonband festhalten sollen, so interessant waren sie.

Dann kam noch einmal, etwa nach 14 Tagen Aufenthalt, ein »Knacks«: Ich hatte plötzlich rasende Bauchschmerzen. Sie wurden so schlimm, daß ich den Arzt rufen mußte. Er stellte eine Gallenkolik fest, etwas, das ich nie zuvor gekannt hatte. Zwanzig Minuten lang dauerten die Schmerzen. Dann waren sie ebenso schnell vorbei, wie sie gekommen waren.

Seit jenem Tag bin ich auch von den unangenehmen Blähungen befreit, die mich zuvor mit schöner Regelmäßigkeit heimgesucht hatten. Dr. Geesing bestätigte mir: »Sie sollten froh sein, daß der Grieß abgegangen ist. Damit haben Sie sich möglicherweise eine spätere Gallenoperation erspart.«

Schließlich kam der Tag, an dem man mir fast feierlich den ersten Apfel brachte: »Sie haben es geschafft. Nun dürfen Sie wieder essen.« Fast hätte ich gefragt: »Muß das wirklich sein?« Ich glaube, ich habe den Apfel gut eine Stunde lang in der Hand hin und hergedreht, den ersten Bissen immer wieder hinausgezögert. Doch dann biß ich endlich zu. Minutenlang drehte ich den Bissen im Mund herum, als sträube sich der Körper, ihn herunterzuschlucken. Ich brauchte eine halbe Stunde, bis ich den Apfel verzehrt hatte. Diese erste Speise nach 20 Tagen Fasten bekam mir gut. Auch die Kartoffelsuppe, die ich ebenso bedächtig, fast andächtig löffelte, schmeckte mir, als wäre sie das Köstlichste, was diese Welt zu bieten hat.

Merkwürdig, der Abschied von Obertal fiel mir richtig

schwer. Ich verspürte so etwas wie Angst, denn ich wußte: Die eigentliche Bewährung kommt erst, wenn ich wieder zu Hause bin. Wenn es darum geht, die erkannte »Wende« nun auch zu leben.

Die Schlußuntersuchung ergab unerwartet gute Ergebnisse: Die Arteriosklerose war nahezu weg. Kein »Ticken« und »Rauschen« mehr. Blutdruck, Blutfettwerte nahezu ideal. Während des Fastens habe ich »nur« knapp fünf Kilogramm abgenommen. Mein Gewicht lag knapp unterhalb des »Idealgewichts«.

Dr. Geesing gab mir den Rat mit auf den Weg: »Überlegen Sie jedesmal, wenn Sie ›rasen‹ wollen, ob es wirklich sein muß. Sie werden feststellen, daß man bei langsamerer Lebensweise oft schneller vorankommt!« Das habe ich beherzigt, im wahrsten Sinne des Wortes. Ich bin ein anderer geworden.

Glauben Sie nun nicht, ich hätte meinen Beruf aufgegeben, mich in ein weniger hektisches Ressort bei der Zeitung versetzen lassen. Überhaupt nicht. Meinen Beruf übe ich nach wie vor mit demselben Elan aus wie zuvor. Und eher erfolgreicher als in früheren Jahren. Aber gelegentlich einmal, wenn mir ein Auftrag erteilt wird, der mir gegen den Strich geht, sage ich ein klares, entschiedenes Nein. Zu meinem großen Erstaunen gibt das nicht die geringsten Probleme. Es wird viel selbstverständlicher akzeptiert, als ich erhofft hatte.

Das Heilfasten habe ich inzwischen ein zweites Mal durchgeführt. Über meine gesundheitliche Verfassung ist niemand mehr erstaunt als mein Hausarzt, der seinerzeit zur gedrosselten Lebensweise raten wollte. Als er mich nach meiner ersten Rückkehr aus dem Schwarzwald Sanatorium zum erstenmal untersuchte, konnte er es gar nicht fassen. »Wenn ich nicht wüßte, daß ich Sie vor Monaten selbst untersucht habe und dabei eine fortgeschrittene Arteriosklerose feststellen mußte, würde ich sagen, Sie sind gar nicht derselbe Patient, sondern ein anderer. Ihre Blutgefäße jedenfalls sind wie neu. Verraten Sie mir, was Sie inzwischen unternommen haben.«

»Ganz einfach: Ich habe mich einer Heilfastenkur unterzogen«, war meine lakonische Antwort.

Den fassungslosen Blick des Arztes werde ich nie vergessen.

Wer soll, wer darf heilfasten?

Der Anruf kam aus Hamburg. »Ich habe von Ihren bemerkenswerten Erfolgen mit Heilfasten gelesen. Ich glaube, das wäre auch für mich das einzig Richtige. Ich bin sowieso etwas übergewichtig und außerdem Diabetiker. Dazu kommt noch eine ganze Reihe anderer Wehwehchen. Na, Sie werden ja sehen. Wann darf ich bei Ihnen aufkreuzen?«
Ich mußte Herrn Felix S., einen wohlhabenden Immobilienmakler, vertrösten. Unser Haus war zum Zeitpunkt seines Anrufs voll besetzt.
Als er zwölf Wochen später dann zu uns kam, bereit, alles über sich ergehen zu lassen, was unsere Klinik an Naturheilweisen anzubieten hat, stand ein körperliches Wrack vor mir: Chronische Bronchitis, erhöhter Blutdruck, Blutzuckerwerte, die schon beinahe eine Insulinbehandlung notwendig machten und eine Fettleber, um nur das Wichtigste aufzuzählen. Und das alles mit noch nicht einmal ganz 50 Jahren!
Dazu kam eine akute fiebrige Erkältung.
Ich schüttelte den Kopf. »So können wir mit dem Heilfasten keinesfalls beginnen. Wir müssen Sie erst einmal halbwegs auf die Beine stellen. Solange Sie unter einer akuten fiebrigen Infektion leiden, können wir sowieso keine Heil-

fasten-Therapie beginnen.« Ich schlug Herrn Felix S. vor: »Ich rate Ihnen zunächst zu einer Immun-Therapie zur Stärkung der Abwehrkräfte. Wir müssen Ihr angeschlagenes Immunsystem stabilisieren, damit es wieder in der Lage ist, Infektionen zu meistern. Wir stärken Ihre Leber mit einer speziellen Leber-Serum-Therapie. Außerdem bekommen Sie 20 Thymosand-Injektionen. Daneben verordne ich Ihnen eine spezielle Diät zur Verbesserung des Zuckerstoffwechsels. Im nächsten Jahr dann, wenn Sie besser beieinander sind, kommen Sie wieder zur Heilfasten-Therapie.«

Der Immobilienmakler stimmte zu, froh, nicht fasten zu müssen. Die akute Infektion hatten wir rasch im Griff, das Leberserum schlug sehr gut an. Die Diät regulierte den Zuckerstoffwechsel. Als uns Herr Felix S. nach drei Wochen verließ, fühlte er sich so wohl, daß er mir versicherte: »Sehen Sie, Herr Doktor, nun ist mir das Fasten doch tatsächlich erspart geblieben. Ich komme im nächsten Jahr wieder. Dann machen wir dasselbe noch einmal. Es geht ja auch ohne Gewaltanstrengungen!« Und er meldete sich gleich für einen »Heilurlaub« im kommenden September an.

Als er wiederkehrte, hatte sich sein Gesundheitszustand eher verschlechtert als gebessert. Vor allem das Körpergewicht hatte drastisch zugenommen und der Diabetes sich verschlimmert.

Nur zwei Diagnosen fielen diesmal günstiger aus: Die Leber war kaum noch vergrößert und nicht mehr so hart, ihre Werte beinahe normal. Und Herr Felix S. war frei von akuten Infektionen. Jetzt empfahl ich die Heilfasten-Therapie. Es kostete mich viel Mühe, den Immobilienmakler zu überzeugen. Er hatte sich vollkommen auf ein paar Spritzen und eine leichte Diät eingestellt. Und deshalb beteuerte er

ziemlich entschieden: »Ich will doch gar nicht mehr, als mich wieder so wohl zu fühlen wie nach der letzten Behandlung. Muß das Fasten wirklich sein? Ein besseres Ergebnis als im vergangenen Jahr können wir doch gar nicht erreichen?«
»Es geht in Ihrem Fall nicht mehr nur um das Wohlfühlen. Sie müssen energisch darangehen, einer gesundheitlichen Katastrophe vorzubeugen, auf die Sie schnurstracks zusteuern«, gab ich in aller Deutlichkeit zur Antwort. Und ich fuhr fort: »Sehen Sie, Ihr Bluthochdruck beispielsweise bewirkt Leistungssteigerungen und Vitalität. Doch das ist ein gefährliches Wohlbefinden. In Wirklichkeit stehen Sie pausenlos unter Volldampf. Würden Sie Ihrem Wagen unentwegt die höchstmögliche Leistung zumuten? Ständig mit Vollgas fahren? Ganz gewiß nicht. Sie wüßten nämlich, daß der Motor das nicht lange aushalten könnte. Der Verschleiß wäre enorm. Für Ihren Körper aber gilt Ähnliches. Je höher der Blutdruck – und Ihr Blutdruck ist bedrohlich hoch –, desto massiver die Schädigungen an den Blutgefäßen. Dazu kommt der Diabetes. Wenn Sie so weiterleben wie bisher, brauchen Sie in Kürze die tägliche Insulin-Injektion. Oder Sie werden in Kürze ernsthaft krank sein. Denken Sie darüber nach, und teilen Sie mir dann Ihre Entscheidung mit. Ich brauche Ihr uneingeschränktes Ja, sonst fangen wir erst gar nicht an.«
Herr Felix S. ging sehr nachdenklich fort – und kehrte schon nach einer halben Stunde mit der Entscheidung zurück: »Also gut. Ich bin einverstanden. Wann soll es losgehen?«
Wie erwartet, bereitete das Heilfasten diesem Mann keinerlei Beschwerden. Er machte mit großem Eifer und exakter Befolgung aller Vorschriften mit.
Diesmal fühlte er sich beim Abschied nicht so wohl wie

nach seinem ersten Aufenthalt. Doch die Schlußuntersuchung zeigte: Er war wesentlich gesünder: Die Blutzuckerwerte fast normal, der Blutdruck nur minimal überhöht. Herr Felix S. versprach diesmal nicht, spontan wiederzukommen. Doch er kam ein drittes Mal. Und dabei gelang es uns in einer zweiten Heilfasten-Therapie, die letzten Reste gesundheitlicher Fehlfunktionen auszuräumen. In nur drei Jahren ist der Immobilienmakler biologisch um wenigstens zehn Jahre jünger geworden. Heute kann er wieder unbedenklich Brot und Reis verzehren. Er braucht weder Diabetes-Medikamente noch Insulin. Auch die Blutdrucksenker konnten abgesetzt werden.

Und dazu gleich noch ein anderer Fall, der mir lebhaft in Erinnerung ist: Vor zwei Jahren erreichte mich folgender Brief von einer Metzgersfrau aus dem Allgäu:

»Sie sind meine letzte Hoffnung. Seit nunmehr zehn Jahren gehe ich durch die Hölle. Ich bin völlig erschöpft und verbraucht – und niemand konnte mir bisher helfen. Was habe ich schon alles versucht! Typische Verschleißerscheinungen, sagt mein Hausarzt. Ich hätte unvernünftig gerakkert und müßte das nun büßen. Zeitweise habe ich täglich zwei Spritzen bekommen, die immer noch stärker wurden. Zuletzt gab man mir Cortison. Ich bin gestreckt worden, also am Kopf aufgehängt, weil man hoffte, die verklemmte Bandscheibe würde wieder zurückrutschen. Ich war beim Chiropraktiker. Schließlich überwies man mich sogar in eine Nervenklinik. Alles umsonst. Heute bin ich so weit, daß ich mich nicht einmal mehr ohne Schmerzen im Bett umdrehen kann. Wenn ich um sieben Uhr morgens aufstehe, bin ich um neun Uhr bereits todmüde. Ich könnte stehend einschlafen. Ich bin nicht einmal mehr in der Lage, einen vier Kilogramm schweren Leberkäs zu tragen. Ich kann auch nicht mehr Auto fahren, weil das Sitzen zur Qual würde. Meine Betten muß ich im Sitzen aufschütteln. Dazu kommen ständige Übelkeit, Herzbeschwerden, Schwindelanfälle. Ich kann und will so nicht weiterleben. Sie wissen, wir Schwaben sind immer auf den Beinen. Fleiß wird bei uns ganz großgeschrieben. Was gäbe ich darum, ich könnte wieder wenigstens ein bißchen tätig sein! Helfen Sie mir – wie, das ist mir ganz gleichgültig. Nur helfen Sie mir ...«

Was soll man auf solche Briefe antworten – und wir bekommen Hilferufe, die noch weit erschütternder klingen!

Ich schrieb Frau Sophie N. zurück: »... Bitte, erwarten Sie von uns keine Wunder. Wenn Sie zu uns kommen wollen, werden wir zwar alles versuchen, Ihre Beschwerden zu lindern. Was Ihnen aber wirklich fehlt, daß muß in einer Untersuchung erst geklärt werden. Ob eine Heilung möglich sein wird und welche Therapien in Frage kommen würden, das wird sich erst danach festlegen lassen. Ob eine Heilung erzielt werden kann, das können wir nicht versprechen.«

Frau Sophie N. kam, eine erst 36 Jahre alte, sehr schlanke, blonde Frau. Ihr hübsches Gesicht war gezeichnet von traurigen Augen und harten Schmerzfalten rund um den Mund. Ihr Gang war gebeugt, der einer alten Frau, die von der Last der Arbeit und von vielen Sorgen niedergedrückt worden war. Ihre Haut war auffallend trocken und fahl. Und das mit erst 36 Jahren!

Mir war rasch klar, daß hier nicht nur ein Bandscheibenleiden vorliegen konnte. Die Aufnahmeuntersuchung erbrachte allerdings keine auffallenden Wertabweichungen, nichts, was auf eine erhebliche Funktionsstörung hätte schließen lassen.

In diesem Fall schwankte ich lange, welche Therapie angebracht wäre. Schließlich einigten wir uns auf eine Kombi-

nation von Heilfasten und Serum-Therapie, wobei mir bewußt war, daß ich meiner Patientin ganz besondere Aufmerksamkeit schenken mußte.
Zuerst lief alles ganz normal. Frau Sophie N. kam beinahe spielend über die ersten drei Tage hinweg. Und dann stellte ich mit großer Freude auch fest, daß sie sich mehr und mehr entspannte, daß sich schwerste innere Verkrampfungen zu lösen begannen. Meine Patientin lebte auf, die Beschwerden wurden erträglicher. Doch dann, am elften Tag, kam der Augenblick, in dem wir das Heilfasten abbrechen mußten. Frau Sophie N. bekam hohes Fieber, als hätte sie sich erkältet. Sie »glühte« wie bei einer Grippe, litt unter heftigen Kopfschmerzen und klagte auch darüber, ihre Haut fühle sich »irgendwie gefühllos« an.
Wieder einmal war das Fasten zum Kernpunkt ihrer gesundheitlichen Störung vorgedrungen, hatte es etwas latent Schlummerndes aktiviert. Doch das war in diesem Fall keine gewöhnliche »Heilkrise«, sondern ein höchst dramatisches Geschehen. Frau Sophie N. fühlte sich schwer krank und verfiel in tiefe Depressionen.
Unter solchen Voraussetzungen ist eine Fortsetzung des Heilfastens nicht möglich. Trotzdem hatte es seinen Sinn gehabt. Das eigentliche Übel, an dem Frau Sophie N. litt, wurde aufgedeckt und konnte auskuriert werden: Im Kieferbereich unter abgetöteten Zähnen befand sich ein Eiterherd. Man könnte sich vorstellen, daß das gierige Fastenblut die notdürftige, aber eben nur halbwegs funktionierende Abkapselung dieses Herdes aufgebrochen hatte, so daß der Körper plötzlich gezwungen wurde, energisch gegen die latente Gefahr anzugehen.
Wir haben also das Fasten abgebrochen, den Herd ausgeräumt und die Patientin mit einer speziellen Diät aufgebaut. Als sie uns nach knapp vier Wochen verließ, strahlte

sie richtig. Ihr »Bandscheibenleiden« hatte sich deutlich gebessert. Ich gab ihr ein ganzes Bündel von Verhaltensmaßregeln mit, und sie versprach, im nächsten Jahr zu einer »ganzen Fastenkur« wiederzukommen.
Bisher kam Frau Sophie N. nicht wieder. Sie schrieb mir aber, das wäre auch überhaupt nicht nötig. Sie sei inzwischen schon völlig gesund. Das »Rückenleiden« habe sich von Tag zu Tag gebessert. Sie könne wieder arbeiten wie in den besten Jahren.
Um es ganz deutlich zu sagen: Solche »Zwischenfälle«, die zum Abbruch der Heilfasten-Therapie zwingen, sind sehr selten. Und selbst dann ist der Behandlungsversuch, wie das Beispiel der Metzgersfrau aus dem Allgäu zeigt, alles andere als ein Mißerfolg. Das Heilfasten kann tatsächlich, wie schon Otto Buchinger feststellte, wie ein »unfreiwilliger und umfassender Herdtest« wirken. Und damit ist der erste Schritt zur wirklichen Heilung getan.
Man könnte sogar sagen: Im Fasten findet der Körper, was ihm fehlt, so daß der Arzt endlich weiß, wo er ansetzen kann. Das ist neben dem eigentlichen Heileffekt des Fastens eine ganz wichtige Seite des Heilfastens. Der reaktionsschwach gewordene Körper wird aufgeweckt und zum Handeln gezwungen. Und deshalb kann auch eine abgebrochene Heilfasten-Therapie letztlich zur Heilung oder zumindest zur Besserung eines Leidens führen.
Umgekehrt gilt damit aber auch: Wer eine Heilfasten-Therapie durchgestanden hat, der besitzt eine hohe Garantie dafür, daß sich in seinem Körper nichts Unheilvolles mehr verbirgt, das demnächst als Krankheit ausbrechen könnte. Das gilt in gewissem Maß selbst für so schwere Leiden wie Herzinfarkt oder Krebs. Risikofaktoren, die dazu führen können, werden während des Fastens ausgeschaltet, gewisse »Vorstufen« der Leiden rechtzeitig abgebaut.

Heilfasten ist angebracht

Die Liste der gesundheitlichen Störungen und Krankheiten, die geradezu nach dem Heilfasten rufen, ist entsprechend lang. So lang, daß ich hier gar nicht alle Indikationen aufzählen kann. Um es bei den wichtigsten zu belassen:

- An der Spitze stehen vor allem Stoffwechselstörungen. Dazu gehören Übergewicht, Gicht, aber auch chronische Untergewichtigkeit, nahezu alle Rheuma-Formen, selbst Arthrosen.
- Ebenso »heilsam« ist das Heilfasten bei Herz-Kreislauf-Erkrankungen, etwa bei Angina pectoris, bei zu hohem Blutdruck und bei zu niedrigem Blutdruck, bei Stauungen im Blut- und Lymphgefäßsystem, nach Venenentzündungen und Thrombosen, vegetativer Dystonie und Arteriosklerose.
- Vergiftungen vielerlei Art, sei es durch Medikamentenmißbrauch (oder nach langer, intensiver medikamentöser Behandlung), durch Umweltgifte, Luftverschmutzungen oder Lebensmittelzusätze. In diese Gruppe gehören Allergien, auch der Heuschnupfen. In solchen Fällen wird zwar die erbliche Veranlagung nicht verändert, der Körper aber sehr oft in die Lage versetzt, seine »Fehlneigung« zu beherrschen. Das heißt also: Die Anfälligkeit bleibt bestehen, doch der Organismus hält sie unterhalb der Schwelle, an der das Leiden zum Ausbruch käme. Das ist gerade in unseren Tagen, in denen die Allergien so sehr zunehmen, besonders wichtig. Viele Allergien werden leider als solche nicht erkannt, so daß unendlich viele Menschen völlig unnötig leiden. Allergien werden auch weithin in ihrer Gefährlichkeit verkannt. Es handelt sich dabei keineswegs nur um lästige Störungen, sondern um eine gravierende Ver-

wirrung des Immunsystems, die unbedingt behoben werden muß, weil sie sonst auch zu schlimmeren Leiden führen kann. (Näheres dazu finden Sie in meinem Buch: Allergie-Stop, Herbig Gesundheitsratgeber.)

- Hautkrankheiten wie beispielsweise Schuppenflechte, Ekzeme, Akne.
- Krankheiten der Verdauungsorgane. Dazu gehören nicht nur Magen- und Darmleiden – abgesehen von offenen Geschwüren –, sondern auch Leber-Galle-Störungen. Und selbstverständlich alle Verdauungsstörungen wie Verstopfung, Durchfall, Blähungen.
- Frauenleiden. Speziell genannt seien Wechseljahrsbeschwerden, Regelstörungen und chronische Unterleibsentzündungen.
- Neigungen zur Steinbildung, also Beschwerden mit Nieren- oder Gallensteinen.
- Nervenleiden ganz allgemein, speziell Migräne, Ischias, nervöse Erschöpfung, Nervenentzündungen, Schlaflosigkeit.

Eine Heilfasten-Therapie empfiehlt sich gegebenenfalls auch zur Vorbereitung auf eine notwendige Operation, zur Krebsvorbeugung, zur Stabilisierung der Gesundheit ganz allgemein.

Die Heilfasten-Therapie kommt nicht in Frage

Demgegenüber sind die »Kontraindikationen« für eine Heilfasten-Therapie an wenigen Fingern abzuzählen. Das Fasten ist verboten:

- Bei Altersschwäche. Was keineswegs heißt, ein 70jähriger dürfte nicht mehr fasten. Es kommt einzig darauf an, daß der Körper noch imstande ist zu reagieren. Das hängt aber nicht vom tatsächlichen Alter, sondern von der biologischen Kondition ab.

- Bei schweren fiebrigen Erkrankungen, vor allem bei der Tuberkulose.
- Bei Krebs, wenn er bereits zur körperlichen Entkräftung geführt hat.
- Bei starker Überfunktion der Schilddrüse (Hyperthyreose).
- Bei frischen Magen-Darm-Geschwüren.
- Bei Geisteskrankheiten und Psychopathien.
- Bei Kindern unter 8 Jahren.

Aber rechtzeitig muß es geschehen!

Grundsätzlich aber gilt im Hinblick auf das Heilfasten: Diese Therapie – Dr. Buchinger spricht vom »Königsweg der Heilkunst« – ist die eigentliche Methode zur »Renovierung« der Gesundheit. Es wäre absolut falsch, wollte man sie immer wieder hinausschieben, bis man wirklich auf der Nase liegt, oder sie überhaupt erst in Erwägung ziehen, wenn man richtig krank geworden ist.
Eine amerikanische Untersuchung über den Gesundheitszustand des modernen Menschen brachte das erschütternde Ergebnis: Nur noch sechs Prozent fühlen sich uneingeschränkt gesund. Ebenfalls sechs Prozent sind so krank, daß sie das Bett nicht mehr verlassen können. Volle 88 Prozent aber – welche riesige Zahl! – befinden sich in der »Grau-Zone« zwischen Gesundheit und Krankheit. Die meisten von ihnen sind nicht eigentlich krank, doch sie haben mehr oder weniger regelmäßig mit gesundheitlichen Störungen, mit erheblichem Unwohlsein, mit Lei-

stungsbeeinträchtigungen zu tun. Und sie nehmen das hin, beseitigen allenfalls die Krankheitssymptome, vor allem die Schmerzen, mit meistens viel zu starken und auf Dauer schädlichen Medikamenten. Die Situation dürfte bei uns kaum anders sein. Viele Menschen erkennen früher oder später, daß irgend etwas mit der Gesundheit nicht mehr stimmt. Dann warten sie zunächst einmal darauf, daß der Organismus so wie bisher immer das Übel beseitigt. Geschieht das nicht, weil eine gewisse Erschöpfung vorliegt, dann glaubt man, dem Alter Tribut zollen zu müssen. Bis es zu spät ist.

Das ist doch die eigentliche Gesundheitsmisere unserer Tage: Keiner fühlt sich mehr verantwortlich und verpflichtet, selbst etwas für seine Gesundheit zu tun. Alle warten ab, bis sie eine Krankheit niederwirft. Und dann erwarten sie vom Arzt, daß er sie möglichst augenblicklich wieder gesund macht. Diese falsche Einstellung dem höchsten irdischen Gut gegenüber führt aber ganz direkt zu den großen chronischen Leiden, gegen die es dann eben keine »Antibiotika«, keine heilsamen Operationen, keine chemischen Wunderwaffen mehr gibt.

Wie viele Milliarden könnten alljährlich an Ausgaben im Gesundheitswesen eingespart werden, wenn man die Menschen dazu bringen könnte, daß sie sich in regelmäßigen Abständen um die Wiederherstellung der ganzen Gesundheit bemühen! Beispielsweise mit Heilfasten.

Ich persönlich kann nur jedem, der ein hohes Alter erreichen möchte – und dies bei guter Gesundheit und ungeschmälerter Leistungskraft, denn nur so ist das Alter erstrebenswert – dringend raten, ab dem 35. Lebensjahr, spätestens ab dem 40., selbst etwas für die Gesundheit zu tun. Und in den meisten Fällen ist das Beste eben das Heilfasten unter fachkundiger ärztlicher Kontrolle.

Jede Jahreszeit kann zur Fastenzeit werden

Entgegen einer weitverbreiteten Meinung ist das Fasten nicht an eine bestimmte Zeit gebunden. Seit Jahrtausenden gilt zwar das Frühjahr als der günstigste Zeitpunkt für das Fasten. Und zweifellos ist es in dieser Jahreszeit auch am nötigsten. Im kalten, grauen Winter haben sich im Körper besonders viele »Schlacken« angesammelt. Die Haut war dick eingepackt und kam kaum an Licht und Luft. Man aß in aller Regel bei eingeschränkter Bewegung noch mehr als sonst üblich – aber deutlich weniger frische, vitaminreiche Kost, statt dessen schwere, fette, süße Speisen. In jüngster Zeit hat in diesem Punkt allerdings ein spürbarer Wandel eingesetzt. Immer mehr Menschen besuchen im Herbst und im Winter die Sauna. Der Wintersport, Freizeitanlagen, Hallenbäder bieten günstige Möglichkeiten, etwas für die Gesundheit zu tun. Und diese Möglichkeiten werden auch genutzt.

So gesehen ist heute das Frühjahr nicht mehr so eindeutig wie in früheren Zeiten die eigentliche Fastenzeit. Man kann, wenn es vom persönlichen Zeitplan her besser paßt, ebenso gut im Sommer, im Herbst, sogar im Winter fasten. Da manche Patienten während des Fastens leicht frieren, sollten besonders kälteempfindliche Menschen eher warme Jahreszeiten wählen. Wer zu Depressionen neigt, muß zusehen, daß er nicht gerade in naßkalten und düsteren Wochen fastet.

Der günstigste Zeitpunkt für eine Heilfasten-Therapie ist deshalb der Augenblick, in dem man am wenigsten unter Zeitdruck steht, in dem man richtig abschalten und sich ganz auf die Wiederherstellung der Gesundheit konzentrieren kann.

Allein oder mit anderen zusammen?

Ob es zweckmäßiger ist, sich beim Fasten von der Familie zu trennen, oder ob man gemeinsam fastet, das hängt vom Einzelfall ab. Es wurde schon darauf hingewiesen: Ganz wichtig ist der Abstand von allem, was sonst den Alltag belastet. Liegen solche Lasten stark im privaten Bereich, etwa in Partnerschaftsproblemen, dann dürfte es besser sein, sich in dieser Zeit von der Familie zu trennen. Verstehen sich zwei Menschen besonders gut, kann es eine enorme Hilfe sein, wenn beide gemeinsam mitmachen, sich gegenseitig anspornen und stützen. Das gemeinsame Erlebnis des Fastens – und es ist immer ein außergewöhnliches Erlebnis – kann sogar eine Partnerschaft enorm auffrischen, wieder enger zusammenführen. Man muß sich nur von vornherein darüber verständigt haben, daß man bereit ist, der möglichen Krise offen zu begegnen.
Gelegentlich ist auch ein Ehepaar bei mir. Einer fastet, der andere unterzieht sich währenddessen einer anderen Therapie, ohne daß man sich gegenseitig im geringsten stört. Wie gesagt: Der Fastende kann ab dem vierten Tag leichten Herzens zusehen, wie es anderen schmeckt.
Auch in diesem Punkt gibt es also keine starren Regeln. Wichtig ist nur, daß von außen keine Störungen auf den Fastenden eindringen, daß er nicht mit Sorgen und Problemen belastet wird. Er muß Zeit und die Möglichkeit finden, mit sich allein zu sein, damit er sich den aufkommenden Fragen stellen kann. Dazu gehört gewiß eine Art Isolation. Zum rechten Zeitpunkt muß aber auch ein geeigneter Ansprechpartner zugegen sein, der einmal zuhören kann. Doch der findet sich ganz sicher.

Was beim Heilfasten zu beachten ist

Frau Inge B., eine sehr liebenswürdige, etwas korpulente Dame von 64 Jahren, Mutter von fünf längst erwachsenen Kindern, kam aus Baden-Baden zu uns herüber. Den Weg vom Auto ihres Sohnes, der sie zu uns brachte, bis zur Eingangshalle, nur wenige Meter, mußte sie in drei Etappen zurücklegen.

Schaufensterkrankheit

Frau Inge B. litt an der sogenannten »Schaufensterkrankheit«: Die arteriellen Durchblutungsstörungen in beiden Beinen waren so schlimm, daß sie jeweils nach fünf Schritten schon stehenbleiben mußte, weil sonst die krampfartigen Schmerzen in den Beinen unerträglich geworden wären.
»Sie glauben gar nicht, wie flink ich früher springen konnte. Von früh bis spät war ich auf den Beinen. Zum Einkaufen, vom Keller hinauf zum Speicher, kreuz und quer durch die Wohnung von 200 Quadratmetern. Und am Wochenende wanderten wir durch die Berge. Die Schwarzwaldroute von Pforzheim habe ich mit meinem Mann und den Kindern siebenmal zurückgelegt. Nie hätte

ich es für möglich gehalten, daß ich einmal so hinfällig trippeln muß.« So begrüßte mich die Frau gewissermaßen entschuldigend. Und bekümmert fügte sie hinzu: »Glauben Sie, daß es noch einmal besser wird?«
»Warum sind Sie denn nicht viel früher zu uns gekommen«, fragte ich dagegen. Sie blickte verlegen an mir vorbei: »Herr Doktor, Sie haben keine Ahnung, was ich nicht alles versucht habe! Doch es war nur Zeitvergeudung. Ich hätte längst aufgegeben, würden mich meine Kinder nicht drängen.«
Abgesehen von der »Schaufensterkrankheit« war die Gesundheit von Frau Inge B. recht stabil. Meine neue Patientin machte einen entschlossenen Eindruck. Also versuchten wir es mit dem Heilfasten. Nach wenigen Tagen schon konnte Frau Inge B. schmerzfrei etwa hundert Meter zurücklegen. Nach zwei Wochen war sie imstande, einen Kilometer ohne Krampfanfall zu gehen. Am Ende des Heilfastens ging sie wieder eine Stunde – und das in erstaunlich flottem Tempo.
Wieder darf nicht verschwiegen werden: So überwältigend sind die Erfolge nicht in jedem Fall. Doch eine ganz deutliche Besserung schaffen wir in nahezu allen Fällen derartiger Durchblutungsstörungen.
Auch bei Angina-pectoris-Patienten sind die Ergebnisse meistens so gut, daß die Betroffenen es gar nicht fassen können und sich Selbstvorwürfe machen: »Warum nur habe ich nicht schon viel früher gefastet!«
Das Heilfasten wirkt zweifach: Einmal werden Ablagerungen in den Blutgefäßen abgebaut, und das Blut wird »flüssiger«. Zum anderen verringert sich die Blutmenge durch den Entzug der Flüssigkeit, besonders stark gleich in den ersten Fastentagen, so daß sich Blutstaus auflösen und der meist zu hohe Blutdruck abgesenkt wird.

Dazu kommen aber, und das ist nicht unwesentlich, die günstigen Auswirkungen der gesunden, ruhigen, aufmunternden Umgebung. Gerade bei arteriellen Durchblutungsstörungen empfiehlt man heute den Patienten nicht mehr die Schonung, sondern die gemäßigte, aber regelmäßige Anstrengung bis kurz vor die Schmerzgrenze. Wer an der Schaufensterkrankheit leidet, der wird zum Gehen aufgefordert. Der Angina-pectoris-Patient macht gymnastische Übungen. Immer wieder. Und dabei läßt sich täglich eine kleine Besserung feststellen: Die Grenze, an der sich der Krampf einstellt, kann schrittweise hinausgeschoben werden. Bei solchem »Training« macht sich die Gemeinschaft der Klinikgäste besonders vorteilhaft bemerkbar: Einer hakt den anderen unter und nimmt ihn mit. Einer spornt den anderen an. Kein falsches Bedauern, kein Wehklagen: Alle wollen gesund werden. Wir wissen heute, daß der Körper, wenn er auf diese Weise gefordert wird, um Verengungen in den Arterien herum, die sich nicht mehr auflösen lassen, »Umleitungen«, sogenannte Kollateralen, baut. Feine Arterienäste rund um die eigentliche Arterie vergrößern und erweitern sich und übernehmen schließlich die Blutversorgung des Gewebes hinter dem Verschluß. Wenn das gelungen ist, reicht die Versorgung auch bei Anstrengungen wieder aus, nicht nur im Ruhezustand wie zuvor. Es versteht sich von selbst, daß Patienten, die bereits von sogenannten »Ruheschmerzen« gequält werden, und Patienten mit Lähmungen nach einem Schlaganfall keine Heilfasten-Therapie mehr durchführen können. Sie kämen zu spät.
Anders ist es nach einem Herzinfarkt. Ist der Infarkt-Patient wieder einigermaßen hergestellt, so daß er seinen normalen Lebensrhythmus wieder aufnehmen kann, dann ist das Fasten nicht nur erlaubt, sondern sogar anzuraten. Ledig-

lich bei ernsten Rhythmusstörungen sollte die Indikation zum Fasten besonders sorgfältig gestellt werden. Es kann vor einem Rückfall bewahren.

Rheuma

Elvira war 14 Jahre alt. Ein sehr lebhaftes, fast wildes Mädchen, die Tochter eines hohen Beamten in Bonn.
»Ich muß mir den Finger verstaucht haben«, sagte sie eines Tages zu ihrer Mutter. »Ich kann den Kugelschreiber kaum mehr halten, so weh tut es.«
Trotz verschiedener Salben und heißer Bäder mit Heilkräutern wollte die »Verstauchung« nicht besser werden. Nach sechs Wochen schmerzten die Finger unverändert. Und Elviras Schrift wurde immer krakeliger. Dann plötzlich schien alles vorbei zu sein. Doch nach einer Pause von nur 14 Tagen waren die unheimlichen Schmerzen wieder da. Heftiger als zuvor. Elvira kletterte nicht mehr auf die Bäume im Garten. Das Mädchen saß nun teilnahmslos und gelangweilt zu Hause herum. Es wurde immer verschlossener und mied die Freundinnen. Elvira hatte auch keinen rechten Appetit mehr, ließ die leckersten Speisen stehen und schluckte statt dessen pausenlos Schmerztabletten. Sie verlor merklich an Gewicht, war ein ganz anderer Mensch geworden.
Endlich ging die Mutter mit ihr zum Arzt. Die Untersuchung brachte das erschreckende Ergebnis: Rheuma. Mit nur 14 Jahren! Und die deprimierende Aussicht: Damit wird wohl die Freude am Leben für immer dahin sein.
Und die Krankheit entfaltete sich geradezu rasend schnell. Zu den Schmerzen und der Unbeweglichkeit der Finger und der Kiefergelenke kamen bald fürchterliche Schmer-

zen in der Wirbelsäule und ebenso schlimme Kreuzschmerzen. Elvira wurde mit Cortison und Goldpräparaten behandelt. Das verschaffte ihr Linderung, aber keine Besserung des Grundleidens. Elvira mußte die Schule verlassen. Bald war sie nicht einmal mehr in der Lage, sich selbst zu kämmen, sich zu kleiden, Messer und Gabel zum Mund zu führen.

»Es ist, als hätten wir ein geistig und körperlich behindertes Kind«, schrieb mir die Mutter verzweifelt. »Die Medikamente können wir nicht absetzen, sonst wird Elvira verrückt vor Schmerzen. Gleichzeitig aber wissen wir, daß unser Kind nicht mehr wachsen wird, wenn es diese Medikamente noch länger nehmen muß. Vom Cortison ist es schon schrecklich aufgeschwemmt. Gibt es wirklich keine Rettung?«

Im Schwarzwald Sanatorium erzielen wir speziell bei der Polyarthritis immer wieder verblüffend gute Ergebnisse mit der Thymosand-Therapie. (Näheres dazu finden Sie im Kapitel: Flankierende Heilmethoden während des Fastens.) Deshalb empfahl ich in diesem Fall eine Kombination von Heilfasten und Thymosand-Therapie. Ich bat die Mutter aber, selbst nicht mitzukommen, sondern die kranke Tochter alleine zu schicken. Ich fürchtete, die Überfürsorge und Besorgtheit der Mutter könnte meine kleine Patientin nur belasten.

Elvira kam mit kleinen, unsicheren Schrittchen. Ihre Hände, vor allem die Finger, konnte sie kaum mehr bewegen. Ein Bild des Jammers. Die schwierigste Aufgabe für mich war zunächst, den Schild der Unzugänglichkeit zu durchbrechen und überhaupt zu ihr vorzustoßen. Das war nicht einfach. Elvira verhielt sich stumm, abwesend. Sie scheute die geringste Bewegung und war deshalb nicht einmal zum Sprechen zu bewegen.

Die Aufnahmeuntersuchung der kleinen Patientin ergab eine beschleunigte Blutsenkung. Das deutete auf einen entzündlichen Prozeß. Die Zahl der Leukozyten war aus dem gleichen Grund deutlich erhöht. Die Rheumatests fielen positiv aus. Elvira besaß den sogenannten Rheumafaktor. Dabei handelt es sich um einen Antikörper, der erst vor wenigen Jahren entdeckt wurde. Der Körper produziert spezielle Abwehrkräfte – man könnte sagen: gegen sich selbst! Warum, das ist in den letzten Einzelheiten bis heute nicht aufgeklärt. Wie es wohl dazu kommt, das habe ich bei der Schilderung der sogenannten Immunkomplexe angedeutet: Findet der Körper durch mehrfache Belastungen und vor allem durch zu häufige, nicht völlig ausgeheilte Infektionen keine Zeit, die aus Krankheitserregern und Antikörpern gebildeten Immunkomplexe zu beseitigen, können diese das Immunsystem irritieren, so daß sich die Abwehrfaktoren gegen das eigene Körpergewebe richten.
Die erschütternden Zahlen sprechen für sich selbst: Jahr für Jahr erkranken in Deutschland zwischen 400000 und 500000 Menschen neu an einer rheumatischen Erkrankung. Und es sind keineswegs nur alte Menschen. Auch Kinder sind schon betroffen. Am häufigsten trifft es Menschen zwischen 20 und 40 Jahren. Frauen dreimal häufiger als Männer.
Bis vor kurzem galt: Fast die Hälfte aller Rheumatiker, nämlich rund 200000 Menschen pro Jahr, wird Frühinvalide, 33000 müssen wegen Berufsunfähigkeit vorzeitig die Arbeit aufgeben. Mit Recht sprach man deshalb von der teuersten und schmerzhaftesten Krankheit überhaupt. Zur Zeit sind etwa drei Millionen Bundesbürger schwer oder sehr schwer rheumakrank. Man spricht von rund zehn Milliarden, die von Kassen und Patienten pro Jahr zur Behandlung von Rheuma ausgegeben werden müssen.

An der speziellen Rheumaform »chronische Polyarthritis«, die Elvira zu uns geführt hatte, leidet derzeit rund eine halbe Million Menschen in der Bundesrepublik.
Wie es zu dieser schlimmen Krankheit kommt, das kann man sich stark vereinfacht etwa so vorstellen: Am Anfang steht eine Entzündung der Gelenkinnenhaut, die mit der Zeit auf den Knorpel, auf Bänder und Knochen übergreift – und sie zerstört. Mit letzter Sicherheit steht es noch nicht fest, doch es bestehen kaum mehr Zweifel daran, daß diese Entzündungen nicht von Viren und Bakterien verursacht werden, sondern von den irritierten Abwehrkräften selbst. Aus irgendeinem Grund spielen sie »verrückt«. Sie greifen den eigenen Körper an – und zwar dort, wo er am schwächsten ist, an der Gelenkinnenhaut. Sie ist deshalb einer der problematischsten Teile des Körpers, weil sie, die für die »Schmierung« des Gelenks verantwortlich ist, nicht direkt an den Blutkreislauf angeschlossen ist. Zu ihr führen keine Blutgefäße. Sie kann deshalb nur Nahrung bekommen und die eigenen »Schlacken« loswerden, wenn kräftige Muskelbewegungen das Blut heranpumpen und wieder absaugen. Bleibt die Bewegung aus, dann »verhungert« und »verdreckt« sowohl die Gelenkinnenhaut wie auch der Knorpel, der von der Innenhaut aus versorgt wird.
Man kann sich die Entstehung von chronischer Polyarthritis etwa so vorstellen: Die schlecht versorgte Gelenkinnenhaut verändert sich so sehr, daß sie von den Abwehrkräften nicht mehr als etwas Eigenes, Schutzbedürftiges erkannt wird, sondern als etwas Entartetes eingestuft wird, das beseitigt werden muß. Es erfolgt der Angriff auf sie, als wäre sie ein gefährlicher Eindringling, ein bedrohlicher Krankheitserreger.
Man könnte diesen Angriff gegen den eigenen Körper mit

der Abstoßung eines fremden Organs vergleichen: Die Abwehrkräfte gehen gegen etwas vor, das sie als »fremd« identifiziert haben. Wenn das so ist – und vieles in der modernen Rheumaforschung spricht dafür –, dann gibt es nur zwei Möglichkeiten, Rheuma zu behandeln: Zuerst muß man dafür sorgen, daß die Gelenkinnenhaut optimal versorgt wird. Und das heißt: Bewegung und noch einmal Bewegung. Es ist grundsätzlich falsch, schmerzende Glieder zu schonen. Denn damit, mit der Ruhigstellung, verschlechtert sich ja die Versorgungs- und Entsorgungssituation im Gelenk. Bewegung – nicht die allzu massive Belastung der Gelenke etwa bei gewaltsamen Liegestützen und Kniebeugen, statt dessen das lockere, leichte Spielen mit den Gelenken, vor allem auch beim Schwimmen – ist nicht nur die beste Vorbeugung gegen Rheuma, sondern auch das wirksamste Heilmittel.

Die zweite Maßnahme muß heißen: Wegräumen der »Schlacken« und der Immunkomplexe, damit die Abwehrkräfte durch sie nicht länger irritiert werden – und dann natürlich die »Nachschulung« der Abwehrkräfte, damit sie wieder besser Eigenes von Fremdem und Gesundes von Krankem unterscheiden können. Wie gezeigt, gibt es für das Wegräumen von Schlacken keine wirksamere Methode als das Fasten. Die »Nachschulung« der Abwehrkräfte kann mit der Immun-Therapie unter Anwendung von Thymosand erfolgen.

Zurück zu Elvira: Schon am Ende der ersten Fastenwoche »taute« das Mädchen auf, wurde lebendiger, heiterer. Wir konnten die Rheuma-Medikamente, die wir anfänglich noch gegeben hatten, langsam reduzieren, ohne daß Elvira Beschwerden hätte aushalten müssen. Im Gegenteil. Es war auffällig, wie sich die Beweglichkeit ihrer Finger von Tag zu Tag steigerte. Auch die Untersuchungen ergaben

erfreuliche Werte: Blutsenkung und Leukozytenzahl hatten sich schon beinahe normalisiert.
Am Ende der Heilfasten-Therapie war das Mädchen zum Liebling unserer Gäste geworden, der immer lustig, singend durch die Klinik wirbelte, als hätte es niemals etwas mit Rheuma zu tun gehabt.
Als es abgeholt wurde, konnte die Mutter die Wandlung kaum fassen. »Das ist wie ein Wunder«, sagte sie. »Was haben Sie mit Elvira bloß angestellt?«
»Elvira hat sich selbst geholfen. Ihr Körper hat den Wandel bewirkt«, konnte ich nur erwidern.
Und gleich setzte ich hinzu, um einer möglichen Enttäuschung von vornherein zu begegnen: »Wir dürfen noch nicht zu früh jubeln. Es ist typisch für solche Rheumaerkrankungen, daß sie zwischendurch geheilt erscheinen, bis dann ein Rückfall einsetzt. Also warten wir mal ab.«
Das alles ereignete sich schon vor acht Jahren. Vor wenigen Wochen bekam ich wieder einmal einen Brief von Elvira. Die erfreulichsten Sätze daraus: »Ich brauche nach wie vor keine Medikamente mehr... Ich kann sogar wieder Klavier spielen... Ich bin wieder ein Stückchen gewachsen...!«
Wer so etwas liest, der wird sich sofort fragen: Wenn es tatsächlich eine Möglichkeit gibt, Rheuma auf diese Weise so erfolgreich zu begegnen, warum quälen sich dann immer noch Millionen mit unerträglichen Schmerzen herum? Warum plagt man dann speziell Kinder mit Medikamenten, von denen man weiß, daß sie nur die Schmerzen nehmen, aber niemals heilen können?
Ich kann darauf nur antworten: Weil gewisse Seiten sich nicht einmal die Mühe machen, sich ernsthaft mit dem Heilfasten und mit der Thymosand-Therapie zu befassen. Gewiß, auch wir Ärzte vom Schwarzwald Sanatorium

können nicht jedem Rheumakranken so spektakulär helfen. Doch wir haben gerade mit der Kombination von Heilfasten und der Thymosand-Therapie inzwischen zahllose, mit anderen Methoden kaum erreichbare Erfolge zu verbuchen. Und dies ganz speziell bei Kindern.
Wichtig ist auch hier wieder, daß die Therapie rechtzeitig einsetzen kann, daß also nicht bereits Gelenke zerstört und die Beweglichkeit der Glieder völlig blockiert ist.

Asthma

Nicht nur dem Laien, auch dem Fachmann fällt es nicht immer ganz leicht einzusehen, wieso das Heilfasten auf Krankheiten der Atemwege, speziell auf Asthmaanfälle, eine positive Wirkung haben sollte. Und doch ist es so.
Frau Cornelia Th., 44 Jahre alt, Schauspielerin in Frankfurt, ist ein Beispiel dafür. Sie litt seit etwa fünf Jahren unter Asthmaanfällen, die scheinbar unversehens, ohne jede Ankündigung und ohne erkennbaren Grund auftraten, manchmal heftiger, manchmal weniger schlimm. Meistens stellten sie sich ausgerechnet dann ein, wenn die Schauspielerin sie überhaupt nicht brauchen konnte: während ihres Auftritts auf der Bühne. Dann mußte sie, nicht selten mitten im Text, innehalten. Sie lief blau an, rang nach Luft und hatte das Gefühl, ersticken zu müssen. Sie begann hörbar zu keuchen. Ihr Atem ging rasselnd. Hinter der Kulisse stand bereits der Arzt mit einer Spritze, die den Krampf in den feineren Bronchien lösen sollte, damit Frau Th. den dort festgehaltenen zähen Schleim abhusten konnte.
Frau Cornelia Th. wandte sich an mich, nachdem man ihr der zunehmend häufiger werdenden Asthma-Zwischenfälle wegen die Vertragslösung nahegelegt hatte.

»Wenn ich meinen Beruf aufgeben muß, dann hat auch mein Leben keinen Sinn mehr«, sagte die Schauspielerin zu mir am Telefon. Und sie fragte: »Gibt es auch nur die geringste Chance, mein Asthma wenigstens zu bessern?«
»Um das beantworten zu können, müßten wir erst einmal die Ursachen herausfinden. Möglicherweise sind die Anfälle eine allergische Reaktion auf irgendeine Substanz in Ihrer Umgebung, etwa auf Schminke und Puder. Es könnte aber auch sein, daß seelische Komponenten mitspielen«, gab ich zur Antwort. »Kommen Sie zu einer gründlichen Voruntersuchung. Vorher läßt sich nichts Eindeutiges sagen. Und selbst dabei werden wir die Hintergründe nicht auf Anhieb aufdecken können. Kommen Sie, und bringen Sie Zeit und viel Geduld mit.« Das war nicht gerade das, was die Schauspielerin zu hören erhofft hatte. Doch sie kam. Und sie legte mir eine Fülle ärztlicher Diagnosen vor und zeigte große Bereitwilligkeit, sich ernsthaft um die Wiederherstellung der Gesundheit zu bemühen. In ausführlichen Gesprächen wurde mir und ihr sehr schnell klar, daß das Theaterspielen bei ihr eine Angst auslöste, die weit über das normale »Lampenfieber« hinausging. Irgendwie schien diese Angst auch mit der Schminke zusammenzuhängen: »Sobald ich das Zeug nur rieche, verschlägt es mir den Atem«, bekannte Frau Cornelia Th.
Selbstverständlich war es unmöglich, der Schauspielerin zu sagen: »Wenn das so ist, dann müssen Sie eben allem, was mit Puder und Schminke zusammenhängt, konsequent aus dem Weg gehen. Wenn die Theaterluft Sie krank macht, dürfen Sie sie nicht mehr einatmen.« Selbst wenn es so einfach wäre, hätte man damit immer noch nicht geklärt, warum der Körper derart allergisch reagiert. Letztlich macht ja nicht die Schminke krank, sondern die falsche Einstellung, die verrückte Reaktion des Körpers auf sie.

Doch wie soll man ein so mysteriöses Leiden heilen, solange man die eigentliche Ursache nicht kennt?
Wieder einmal schlug ich eine Heilfasten-Therapie vor. Und ich machte mich auf ein besonders schwieriges Unterfangen gefaßt. Wußte ich doch, daß die »Heilkrise« bei Asthmapatienten in aller Regel besonders heftig ausbricht – was offensichtlich mit den seelischen Ursachen dieses Leidens zusammenhängt.
Tatsächlich wurden die drei Wochen für alle Beteiligten auch ein hartes Stück Arbeit. Das heißt: Die ersten vier, fünf Tage verliefen ohne die geringste Komplikation. Frau Cornelia Th. fühlte sich in unserer guten Schwarzwaldluft, in der heiteren, freundlichen Umgebung der Klinik ausgesprochen wohl. Sie las sehr viel, begegnete den übrigen Gästen mit großer Liebenswürdigkeit und war sehr ausgeglichen. An einem Abend erfreute sie uns alle mit einer sehr besinnlichen Hölderlin-Lesung. Und das alles ohne das geringste Anzeichen eines Asthmaanfalles.
Doch dann kam die Umkehr. Ab dem siebten Tag war die Schauspielerin wie verwandelt. Zuerst erlitt sie einen sehr heftigen Asthmaanfall im Vorzimmer, während sie auf die Untersuchung wartete. Danach schloß sie sich in ihr Zimmer ein und war nicht bereit, irgend jemandem zu öffnen. Wir konnten hören, wie sie haltlos weinte. »Lassen Sie mich doch in Ruhe. Ich will keinen sehen und hören«, schluchzte sie immer wieder.
Und dann schloß sie die Tür plötzlich auf, bat mich herein und begann zu reden. Wie ein Sturzbach brach es aus ihr hervor: »Ich habe in meinem Leben alles falsch gemacht... Ich habe solche Angst vor dem Altwerden... Glauben Sie, ich könnte noch ein Kind bekommen...?«
Das war die erwartete Krise. Sie machte die Hintergründe der Asthma-Erkrankung sichtbar: Alle Ängste und Sorgen

mündeten in der einen großen Angst vor dem Altern. Puder und Schminke, eigentlich die Mittel, erste Anzeichen des Welkens zu vertuschen, waren zum Symbol der Selbsttäuschung geworden, der Unfähigkeit, das Alter zu akzeptieren.

Wir sprachen sehr lange miteinander. Frau Cornelia Th. schüttete ihr Herz aus. Dann schlief sie erschöpft ein. Am nächsten Tag war sie sehr müde, aber innerlich ruhig. Und von da an ging es rasch aufwärts. Um es kurz zu machen: Die Schauspielerin begann noch bei uns, ihre nächste Rolle zu studieren. Und sie steht seit ihrem Aufenthalt bei uns, das war vor siebeneinhalb Jahren, wieder auf der Bühne – bisher ohne einen einzigen Asthmaanfall.

Damit kein Mißverständnis aufkommen kann, muß ich hinzufügen: Kaum eine andere Krankheit kann von ihren Ursachen her so vielschichtig sein wie Asthma. Psychische Probleme sind bei Asthma zwar sehr oft beteiligt, doch keineswegs immer und überall der ausschließliche Hintergrund. Sie können auch fehlen. Nicht selten entlarven wir das Leiden während der Behandlung als Allergie. Und bekanntlich gibt es kaum etwas in unserer schönen Welt, worauf der menschliche Körper nicht allergisch reagieren könnte.

Das eben ist das Wunderbare am Heilfasten, daß man bei dieser Therapie den eigentlichen Hintergrund nicht unbedingt von vornherein kennen muß, um überhaupt einen Ansatzpunkt zu haben. Der Körper, der im Fasten Gelegenheit bekommt, sich selbst zu helfen, ohne daß er mit Medikamenten neu belastet würde, stößt zum Kernpunkt vor. Fasten öffnet die Seele, Abgewehrtes und Unterdrücktes kann heraus, kann bearbeitet und losgelassen werden. Und selbst dann, wenn die eigentliche Ursache oder die persönliche Neigung zu einer Krankheit nicht beseitigt werden kann, vermag er sich so gut zu wappnen, daß er hinterher besser zu Rande kommt, einen neuen akuten Ausbruch des Leidens vielfach sogar verhindern kann. Er beherrscht die vielleicht angeborene Neigung und meistert die auf ihn einstürmenden Einflüsse und Reize.

Hautkrankheiten

Eduard A. ist Friseur, 32 Jahre alt. Auf den ersten Blick ein imponierender, gutaussehender, gepflegter, hochgewachsener Mann mit athletischer Figur. Einer, dem die Frauenherzen eigentlich nur so zufliegen müssen. Typ: schneidiger jugendlicher Liebhaber. Die Idealbesetzung für jeden Film – hätte man meinen sollen.
Als er mir gegenüberstand, erging es mir wohl wie so vielen seiner Verehrerinnen, die sich fasziniert in seine Nähe drängten, um alsbald kehrtzumachen: Ich erschrak. So etwas war mir in meiner langjährigen Berufserfahrung noch nie begegnet. Die Haut des jungen Mannes glänzte wie das Schuppenkleid eines Fisches. Ganz frei von den silbrigen Flecken war nur das Gesicht. Auch Hände, Füße, Beine, Arme waren verunstaltet von diesen häßlichen Herden der Schuppenflechte, die am Rücken sogar ineinander übergingen zu einer einzigen Fläche. Strich man mit der Hand darüber, rieselten die Schuppen wie eine Wolke zu Boden.
»So schlimm ist es nicht immer, aber doch drei-, viermal im Jahr«, entschuldigte sich Eduard A. »Ich erwarte von Ihnen keine Heilung. Doch vielleicht können Sie mir ein wenig Linderung verschaffen? Wenn nicht, dann kann ich mich hier bei Ihnen wenigstens in Ruhe erholen, ohne wie ein Aussätziger gemieden zu werden. Ich habe viel Zeit. Vor

drei Wochen verlor ich meine vierte Stelle, weil sich die Kunden weigern, von mir berührt zu werden. Sie wissen, wie wenig es nützt zu versichern, daß meine Krankheit nicht ansteckend ist.«

Eduard erzählte mir seine Geschichte: Angefangen hatte das Leiden, als er etwa zwölf Jahre alt geworden war. Zuerst zeigten sich die Flecken nur an den Ellenbogen und rund um das Knie. Dann waren sie für kurze Zeit wieder ganz verschwunden. Mit 17 Jahren entdeckte er die Schuppenflechte am Rücken und begab sich in ärztliche Behandlung. Mit wechselhaften Erfolgen. Eduard traute sich bald in kein öffentliches Bad mehr, mied die Sauna und ließ sich auch in der Schule immer häufiger vom Sportunterricht befreien. Die Klassenkameraden hatten sich zwar an sein Aussehen gewöhnt, doch er selbst genierte sich und zog sich immer noch mehr in sich zurück.

Dann kam die Zeit des ersten Verliebtseins – mit einer Pleite nach der anderen. »Solange ich angezogen blieb, liefen mir die Mädchen nach. Sobald ich etwas mehr Haut zeigen mußte, flohen sie entsetzt davon.«

Eduard verließ das Gymnasium und begann eine Friseurlehre. Nur seiner großen Tüchtigkeit war es zu verdanken, daß er diese Lehre überhaupt beenden konnte. Manchmal, wenn die Krankheit besonders stark »aufblühte«, blieb er zu Hause. Und dann versuchte er wieder ein neues Mittel, die Flecke loszuwerden. Auf diesem von Enttäuschungen gepflasterten Weg kam er bis zum Toten Meer. Wie oft hatte er geglaubt, endlich befreit zu sein. Und dann bemerkte er nach Wochen, spätestens nach Monaten, wie die geschrumpften Herde wieder zu wachsen begannen.

Da Eduard A. leicht übergewichtig war, riet ich ihm zu einer Heilfasten-Therapie: »Wenn Sie schon bei uns sind, sollten Sie die Gelegenheit nützen, ganz allgemein etwas für Ihre Gesundheit zu tun. Und es gibt kaum etwas Besseres als das Heilfasten«, meinte ich vorsichtig. Ich wollte dem jungen Mann, der schon so viele Enttäuschungen erleben mußte, keine falschen Hoffnungen machen.

Eduard A. war von dieser Vorstellung zuerst überhaupt nicht begeistert, stimmte dann aber zu. Ich selbst hoffte natürlich, die Therapie könnte auch seine Schuppenflechte positiv beeinflussen.

Von der Schuppenflechte weiß man heute, daß sie das Ergebnis eines Gendefektes ist, also eine ererbte Anlage. Doch dies allein löst noch keine Schuppenflechte aus. Es müssen zur ererbten Disposition noch ein oder gar mehrere »Auslöser« hinzukommen. Im Verdacht, solche Auslösefaktoren zu sein, stehen vor allem große psychische Belastungen, Infektionen, übermäßiger Streß, Medikamente, vielleicht auch Hormone, Alkohol und falsche Ernährung. Auch Stoffwechselstörungen wie etwa Diabetes oder zu hohe Blutfettwerte können zum Ausbruch der Schuppenflechte beitragen – oder dafür sorgen, daß das Leiden chronischen Charakter annimmt. Das Auftreten der Schuppenflechte in Schüben, ihr gelegentliches plötzliches Verschwinden, das erneute Schlimmerwerden weisen darauf hin, daß der Körper in der Lage ist, seine ererbte Disposition unter günstigen Voraussetzungen zu beherrschen. Der Genfehler läßt sich bislang nicht korrigieren. Doch die zusätzlichen Faktoren, die erst zum Ausbruch der Krankheit führen, lassen sich ausschalten. Und darauf muß jede Behandlung ausgerichtet sein. Also: Heilung ist unmöglich. Doch man kann mit geeigneten Maßnahmen dafür sorgen, daß die Krankheit zumindest nicht mehr massiv ausbricht.

Deshalb also mein Rat zum Heilfasten: Vielleicht gelingt es, den oder die »Auslöser« zu beseitigen, den Körper in

die Lage zu versetzen, seinen »Defekt« unter Kontrolle zu halten. Und bei Eduard A. gelang das tatsächlich.
In den ersten Tagen nach Beginn der Heilfasten-Therapie verschlimmerte sich das Leiden. Eduard erlitt einen kräftigen »Schub«. Er blickte mich fragend, ja mehr und mehr mißtrauisch an. Ab der zweiten Woche bildeten sich die Herde sehr rasch zurück. Gut, das ist bei der Psoriasis oft so, also kein Grund, vorschnell zu jubeln. Auch die fast reine Haut bei seiner Entlassung durfte uns nicht zu dem vorschnellen Schluß verleiten: Die Schuppenflechte ist endgültig auskuriert.
Wie gesagt: So etwas gibt es sowieso nicht. Immerhin: Eduard fühlte sich wohl wie seit Jahren nicht mehr – und er konnte sich sehen lassen. Auch in der Badehose am Strand und im Schwimmbad.
Acht Monate nach seinem ersten Aufenthalt kehrte Eduard vorzeitig zu uns zurück, weil seine Schuppenflechte wieder aufgeflammt war. »Ich habe mich nicht an Ihre Anweisung gehalten und ziemlich unbeherrscht gelebt«, gestand er mir. Seit der zweiten Heilfasten-Therapie ist er von der Schuppenflechte völlig verschont geblieben, da er sich auf mein Anraten hin vegetarisch ernährt hat. Er ist inzwischen verheiratet und auch schon Vater geworden.
Aus meiner Erfahrung kann ich sagen: In der Regel haben wir mit Hauterkrankungen, sei es wie in diesem Fall eine Schuppenflechte, sei es Akne, seien es Ekzeme oder auch, wie neuerdings so häufig beobachtet, Neurodermitis, stets gute Ergebnisse erzielt. Die Heilfasten-Therapie ist in solchen Fällen um so »heilsamer«, je früher die Betroffenen zu uns kommen und je weniger mit anderen Mitteln und Methoden an ihnen symptomatisch herumgedoktert wurde.
In den meisten Fällen ist eine gesunde, von Entstellungen völlig freie Haut mit der ersten Therapie noch nicht ganz zu

erreichen. Doch wenn der Patient sich zu einer Wiederholung des Heilfastens entschließen kann, ist dieses Ziel nahezu immer realisierbar.
Voraussetzung dafür, daß die Haut hinterher gesund und rein bleibt, ist aber, daß sich der Patient an die Regeln hält, die er von uns mitbekommt. Und er sollte wenigstens alle zwei Jahre das Heilfasten wiederholen.
Ein zu hoher Preis – nicht nur für Schönheit, für gutes Aussehen, sondern vor allem für die Gesundheit? Wer mit Hauterkrankungen jemals zu tun gehabt hat, wird ohne jedes Zögern zugeben: Ganz bestimmt nicht. Die Haut ist weit mehr als nur das wunderschöne »Kleid« unseres Körpers. Es ist unser größtes und ein ganz wichtiges Organ. Unreine, fehlerhafte Haut ist immer ein Zeichen einer gesundheitlichen Störung. Auf der Haut zeigt es sich zuerst, wenn im Organismus etwas nicht stimmt, weshalb wir noch viel sorgfältiger und gründlicher als bisher auf eine makellose Haut achten und bemüht sein sollten, jeden auftretenden »Fehler« sofort und gründlich zu korrigieren.

Magen-Darm-Erkrankungen

Die junge Ärztin Monika Sch. aus Würzburg war 31 Jahre alt, als sie zu mir kam. Eine sehr hübsche, in sich gekehrte junge Frau. Mutter eines fünfjährigen Mädchens. Schon ihre Bitte um einen »Termin zwecks Durchführung einer Heilfasten-Kur« war sehr einsilbig gewesen. Als sie mir dann gegenübersaß, mußte ich jedes Wort aus ihr herauslocken. Meistens antwortete sie mir mit einem knappen Ja oder Nein. Nicht der geringste Anfang eines Lächelns. Scheinbar keinerlei seelische Regung. Wenn ich einen kleinen Scherz versuchte, sah sie mich verwundert mit großen

Augen an, als wäre das absolut ungehörig, vor allem dort, wo es um Fragen der Gesundheit geht.
»Ich möchte meine Verdauungsbeschwerden in Ordnung bringen«, sagte sie fast trotzig und blickte an mir vorbei. Sie legte ein Krankenblatt vor mich auf den Schreibtisch. »Hier finden Sie alles, was Sie wissen müssen. Wann können wir beginnen? Heute noch? Ich muß am 17. meinen Dienst im Krankenhaus wieder antreten.« Damit hatte sie sich selbst also 15 Tage gegeben. Ich darf das alles so erzählen, weil die Frau Doktor heute selbst darüber lachen kann und mich ausdrücklich aufgefordert hat: »Sollte Ihnen wieder einmal eine Patientin so verschlossen und arrogant gegenübersitzen, dann legen Sie die Person übers Knie und verabreichen ihr eine gehörige Tracht Prügel. Mir hätte sie damals sicherlich auch gutgetan.«
An jenem Ankunftstag war weder Frau Monika noch mir zum Lachen zumute. Am liebsten hätte ich zu ihr gesagt: »Fahren Sie wieder nach Hause. Ich sehe keine Chance, Ihnen helfen zu können.« Denn es gibt kaum eine schlechtere Voraussetzung für eine Heilfasten-Therapie als eine derartige Verschlossenheit, mußte ich doch befürchten, daß Frau Monika Sch. sich mir und den notwendigen Maßnahmen innerlich widersetzen würde. Ich wußte: Wenn es mir nicht gelang, die junge Ärztin zur vertrauensvollen Zusammenarbeit zu bewegen, müßte auch die Heilfasten-Therapie letztlich Stückwerk bleiben.
Deshalb sagte ich fast grob: »Frau Kollegin, wir können erst beginnen, nachdem Sie mir erzählt haben, warum Sie wirklich zu mir gekommen sind. Sie sind doch eine intelligente Frau und wissen, daß Ihre Verdauungsbeschwerden eine Ursache haben, die es zu finden gilt. Also. Ich kann Sie nur führen, wenn Sie sich führen lassen. Bitte, erzählen Sie mir ein wenig über sich.«

Nun begann ein regelrechtes Ringen, das tagelang andauerte. Gelegentlich wurde die Ärztin etwas zugänglicher. Dann plötzlich verhielt sie sich wieder geradezu feindselig, so, als wäre ich ein übler Widersacher.
Nach und nach bekam ich aber doch Einblick in ihr Leben. Monika Sch. stammte aus einer einfachen Familie, die man gewöhnlich als gutbürgerlich bezeichnet. Der Vater hatte sich zeitlebens wenig um sie gekümmert und die Erziehung ganz in die Hände einer extrem ehrgeizigen Mutter gelegt. Schon in den ersten Schuljahren bekam Monika beinahe täglich zu hören: Du bist sehr gescheit und wirst einmal eine tüchtige Wissenschaftlerin. Monika ging aufs Gymnasium, als die Eltern ein Haus bauten – und ihrer Tochter im Keller ein Labor einrichteten. Nicht, weil Monika das gewünscht hätte, sondern weil für die Mutter unumstößlich feststand: Sie ist ein Genie und muß alle Voraussetzungen vorfinden, sich frei entfalten zu können.
Kurz vor dem Abitur wurde Monika krank. Sie litt unter so heftigen Schmerzen, daß die Ärzte einen Tumor befürchteten. Glücklicherweise stellte sich alsbald heraus, daß das nicht der Fall war. Doch Monika wurde vollgepumpt mit Antibiotika. Und seit jener Zeit wichen die Verdauungsbeschwerden nicht mehr.
Damals tauchte erstmals auch der Verdacht auf, Monika könnte durch den Ehrgeiz ihrer Mutter überfordert sein, ohne die Kraft zu besitzen, sich gegen die hohen Erwartungen aufzulehnen. Sie bestand das Abitur ein Jahr später und begann gehorsam ihr Medizinstudium. Gleichzeitig lernte sie einen jungen Mann kennen, den sie sehr liebte, der sich von ihr aber nur ein momentanes Vergnügen erwartete. Sie bekam ein Kind – nachdem der Freund sich längst verabschiedet hatte. Unter schwierigsten Verhältnissen führte sie schließlich das Studium zu Ende und wurde

Ärztin. Seit nunmehr sieben Jahren hatte Monika immer wieder Durchfall – meistens drei Tage hintereinander, danach zehn, zwölf Tage Verstopfung.

Neben den üblichen Labortests ließ ich in diesem Fall auch verschiedene Tumor-Marker (Krebstests) machen. Sie waren glücklicherweise negativ. So konnten wir das Fasten beginnen. Die erste Woche des Heilfastens war ausgesprochen schwierig. Frau Monika Sch. machte zwar sehr diszipliniert mit, doch ihre Stimmung verdüsterte sich zusehends. Und sie wich nach wie vor jedem Kontakt und jeder Aussprache aus. Meistens saß sie still auf ihrem Balkon und versteckte sich hinter einem Buch. Doch dann machte sich mehr und mehr die heilsame Wirkung des Fastens bemerkbar. Frau Monika Sch. unternahm Spaziergänge, zuerst allein, schließlich mit anderen Gästen unserer Klinik zusammen. Und sie wurde gesprächiger. Das Heilfasten mußte auf 13 Tage abgekürzt werden, weil die Ärztin abreisen mußte. Doch bei der Verabschiedung versprach sie mir, in einem Vierteljahr wiederzukommen. Und sie kam. »Es geht mir viel besser als das letzte Mal«, erzählte sie mir. »Diesmal habe ich drei Wochen Zeit. Wollen wir gleich beginnen?«

Das zweite Fasten begann problemlos und verlief ohne eine nach außen hin spürbare Krise, wenngleich die junge Ärztin eine gewisse Skepsis dem Heilfasten gegenüber zunächst nicht ganz abschütteln konnte.

Während der zweiten Woche fragte sie mich bei der täglichen Kontrolluntersuchung unvermittelt: »Nun erklären Sie mir doch einmal, warum haben wir im Studium von all dem, was Sie hier machen, nicht ein Sterbenswort erfahren? Ich darf gar nicht daran denken, was aus mir hätte werden können, wäre ich nicht mehr oder weniger zufällig auf das Heilfasten hingewiesen worden!«

Frau Monika Sch., das muß man wieder hinzufügen, hat

sich in unserer Klinik, in der Patientengemeinschaft, sehr wohl gefühlt und mit einer jungen Frau eine tiefe Freundschaft geschlossen. Doch das gehört zu einer erfolgreichen Therapie eben dazu, speziell beim Heilfasten: Damit es voll wirksam werden kann, muß nicht nur der erfahrene Fastenarzt als ständiger Begleiter zugegen sein, einer, der selbst gefastet hat. Es ist auch die erholsame Atmosphäre nötig, die beispielsweise ein Krankenhaus, wäre es auch noch so schön gelegen und noch so gut geführt, nicht bieten kann. Der Patient braucht das Gefühl, sich befreit zu wissen, als befände er sich in einem besonders gelungenen Urlaub für die Gesundheit. Er muß mit Menschen zusammen sein, die ähnliche Ziele verfolgen wie er selbst. Man könnte fast sagen, er muß sich in familiärer, gepflegter Atmosphäre rundum wohl fühlen, damit neue Hoffnung und neue Zuversicht keimen können. Wenn viele Patienten bei uns wie Frau Dr. Sch. zu Stammgästen geworden sind, wenn das Wort »Patient« bei uns geradezu verpönt ist und von den Gesundheit Suchenden und um die eigene Gesundheit Bemühten ganz selbstverständlich durch den Begriff »Gast« ersetzt wird, dann spricht das dafür, daß sie hier das finden, was sie brauchen, um »heil« zu werden und oder auch zu bleiben: eben die richtige Atmosphäre.
Die Behandlung von Magen-Darm-Erkrankungen nimmt bei uns innerhalb der Heilfasten-Therapie einen breiten Raum ein. Der Grund dafür ist leicht einzusehen: Neben der gesunden Ernährung ist die ungestörte Verdauung das A und O der Gesundheit. Es muß nicht unbedingt »der Teufel im Darm« sitzen, wie man früher sagte. Doch viele gesundheitliche Störungen und ernsthafte Erkrankungen nehmen ihren Ausgang von Fehlern in der Verdauung. Insofern waren die Bemühungen der Alten um eine geregelte, gesunde Verdauung absolut richtig.

In unseren Tagen werden solche Fehler durch unvernünftiges Essen, durch vielfach wertlose oder gar schädliche Nährstoffe und durch gehetztes, maßloses Hinunterwürgen der Mahlzeiten immer vielfältiger und schlimmer. Man ißt zwischen Tür und Angel, um sich sofort wieder in die Arbeit zu stürzen, gibt dem Körper weder Zeit noch Gelegenheit, richtig zu verdauen.
Mit unseren jungen Menschen wächst eine Generation heran – man bezeichnet sie treffend als die »Fast-Food-Generation« –, die nicht nur keine Eßkultur mehr kennt, sondern die sich durch das Vollstopfen mit genau den falschen Speisen und Getränken systematisch krank macht. Statt Frischgemüse, Obst: Fett; statt vitaminhaltiger Getränke: Zucker und Koffein. Das muß einfach verheerende Folgen nach sich ziehen.
Und keineswegs besser ist es mit der Ausscheidung der Nahrungsreste, dem Stuhlgang. Millionen Menschen – und es sind überwiegend Frauen – leiden ständig unter Verstopfung, nehmen teilweise über Jahre hinweg Abführmittel. Die gefährlichen Mittel schädigen die Schleimhaut und die Nerven des Darmsystems und belasten Leber und Nieren. Fast in jedem Fall lösen sie akute Kalium- und Magnesium-Verluste aus.
Es kommt ein Fehlverhalten hinzu, das beinahe noch bedrohlicher für die Gesundheit ist: die oft sehr leichtfertige Anwendung von Antibiotika. Diese segensreichen Medikamente, die letztlich die großen bakteriellen Seuchen besiegten, denen also Millionen Menschen ihr Leben verdanken, werden viel zu oft am falschen Ort, zur falschen Zeit eingesetzt. Bei Erkältungskrankheiten beispielsweise, wo sie sowieso nicht helfen können, weil sie gegen Viren wirkungslos sind. Schnupfen, Husten, grippale Infekte werden fast ausschließlich von Viren verursacht.

Antibiotika aber vernichten nicht nur krankmachende Bakterien, sondern zugleich immer auch und im selben Maße die nützlichen Darmbakterien, auf deren aktive Mithilfe unser Körper bei der Verdauung angewiesen ist. Sie zerlegen nicht nur Nahrungsreste, die ohne sie unverdaubar blieben, sie bilden auch wertvolle Vitamine. Wer würde sich nach einer Antibiotika-Behandlung aber um den notwendigen Wiederaufbau der Darmflora bemühen?
Hier liegt ein ungeheuer wichtiges Gesundheitsproblem. Wenn die Verdauung nicht reibungslos funktionieren kann, dann gerät sehr schnell der ganze Organismus durcheinander.
Wer denkt schon bei unerklärlicher Müdigkeit, bei Kopfschmerzen, bei Herzbeschwerden, Atembeschwerden an die Verdauung? Wer ahnt, daß sein Rheuma aus mangelhafter Verdauung resultieren könnte? Ganz abgesehen von Leber- und Nierenerkrankungen! Wer einmal richtig gefastet und dabei die Erleichterung erfahren hat, die durch den Wegfall der Verdauungsarbeit entsteht, der hat ein Gespür dafür bekommen, wie nötig es ist, dem Körper vor allem nach größeren Mahlzeiten Zeit zur Verdauung einzuräumen. Der wird von selbst aufhören, in späten Abendstunden noch üppige, schwere Mahlzeiten in sich hineinzustopfen. Das Fasten aber gibt dem Körper, der die gesunde Verdauung verlernt hat, weil er darin immer nur behindert wurde, Gelegenheit, zunächst den Darm von allen fauligen Resten zu säubern, kleinere Blessuren auszuheilen und danach wieder »wie neu« zu funktionieren.
Unbedingt erwähnt werden muß in diesem Zusammenhang, daß auch die zur Verdauung so wichtigen Organe wie Gallenblase und Bauchspeicheldrüse die Gelegenheit bekommen, sich zu erneuern. Gallenkoliken, das heißt der Abgang von Gallengrieß, der bisher den gesunden Ab-

fluß der Galle blockierte, gehören zu den nicht gerade selten beobachteten »Nebenwirkungen« des Heilfastens. Sie sind ein Beweis für die große Reinigungskraft des Fastens.
Aber auch die durch Streß und übermäßige Ernährung so oft schon nahezu erschöpfte Bauchspeicheldrüse, die nicht nur das Insulin, sondern die für die Verdauung so wichtigen Enzyme herstellt, findet Zeit, sich zu erholen. Und auch das ist ein ganz wichtiger Punkt: Enzyme, die nicht zur Verdauung benötigt werden, können zu »Reinigungsarbeiten« im Körper herangezogen werden. Vor allem die eiweißspaltenden Enzyme sind wesentlich beteiligt an der Beseitigung noch nicht aktiver Viren, an der Auflösung von Immunkomplexen und am Abbau kranker oder abgestorbener Zellen, um wiederum nur einige Beispiele zu nennen. Die moderne hektische Lebensweise bringt es mit sich, daß die Bauchspeicheldrüse vieler Menschen schon um das 40. Lebensjahr Erschöpfungsanzeichen aufweist. Dann eben heilen Wunden schlechter, treten Verdauungsstörungen wie etwa Blähungen auf. Das Heilfasten bietet nicht zuletzt diesem überstrapazierten und oft so vernachlässigten Organ die schönste Gelegenheit zur Erholung.
Nur bei offenen Magengeschwüren und Geschwüren des Zwölffingerdarms, auch bei gerade akuter Magenschleimhautentzündung, sehen wir ab von der Heilfasten-Therapie und wählen eine andere Heilmethode.
Eine gründliche Darmreinigung während des Heilfastens ist eine unverzichtbare Maßnahme. Deshalb das Bittersalz. Ich bin übrigens von der Anwendung des Einlaufs völlig abgekommen. Andernorts wird er nach wie vor an jedem zweiten Tag vorgenommen. Ich kam zur Einsicht, daß diese Form der Darmreinigung zu mechanisch ist, eine recht unangenehme Belastung des Patienten darstellt – und doch nur einen Teil des Darms erreicht. Das Bittersalz

dagegen wirkt auf den ganzen Darm und reinigt ihn außerdem gründlicher.

Frauenleiden

Fasten, um endlich ein Kind zu bekommen – sollte so etwas tatsächlich möglich sein? Wie das Beispiel von Frau Hedwig zeigt, ist es möglich.

Die Juristin hatte erst mit 31 Jahren geheiratet, war mittlerweile schon fast 36. Seit fünf Jahren wartete sie vergeblich darauf, Mutter zu werden. Und weil sich die große Sehnsucht nicht erfüllte, geriet sie zunehmend in Panik. Sie wußte: Bald wird es endgültig zu spät sein. »Dieser Gedanke«, so gestand sie mir später, »hat mich fast verrückt gemacht.« Sie hatte alles versucht, was es an therapeutischen Möglichkeiten gibt, einschließlich Moorbädern und Hormonkuren. Zweimal war sie schwanger gewesen, hatte aber jedesmal das Kind vorzeitig verloren.

Zu uns kam Frau Hedwig eigentlich nicht, um neue Hoffnung zu schöpfen. Sie wollte ganz einfach »etwas abspekken«, denn sie hatte etwa vier Kilogramm Übergewicht.

Das Fasten verlief programmgemäß und ohne eigentliche Probleme. Zu Beginn machte meiner Patientin nur die innere Nervosität arg zu schaffen. Die aufgezwungene Ruhe, die sie absolut nicht mehr gewohnt war, peinigte sie. Das dauerte etwa vier Tage. Am fünften Tag kam sie strahlend zu mir und berichtete: »Heute nacht habe ich zum erstenmal richtig tief und gesund geschlafen. Ich fühle mich, als könnte ich Bäume ausreißen.«

Von diesem Augenblick an blühte Frau Hedwig auf. Sie schob ihre Akten, die sie mitgebracht hatte, zur Seite und ging mit den anderen Gästen hinaus an die frische Luft. Sie

setzte sich an den Flügel und spielte Chopin. Und sie organisierte unter den Gästen ein Schachturnier, das sie auch gewann.
»Ich fühle mich frei wie selten zuvor in meinem Leben«, schwärmte sie. »Ich habe sogar meinen Kummer, kein Kind zu bekommen, vergessen. Ich bin bereit, mich damit abzufinden. Wenn es nicht sein soll, dann eben nicht.«
Die Juristin hat 18 Tage bei uns gefastet und dabei sechs Kilogramm abgenommen. Als sie uns verließ, sah sie um wenigstens sieben Jahre jünger aus. Doch nun das erfreuliche Ende: Vier Monate später bekam ich Post von Frau Hedwig: »Ich bin im dritten Monat schwanger. Drücken Sie mir die Daumen, daß es weiterhin gutgeht.« Es ging gut. Frau Hedwig hat einen strammen Jungen bekommen und ist verständlicherweise überglücklich.
Ehrlich gesagt: Ich hatte so etwas gehofft, doch ich hätte niemals gewagt, der Juristin Hoffnungen zu machen. Gerade bei Frauenleiden der verschiedensten Arten, bei Störungen während der Wechseljahre, bei Regelstörungen, bei unregelmäßigen oder ausbleibenden Blutungen, bei Entzündungen im Unterleib, erleben wir immer wieder überraschend schnelle und gründliche Besserungen und selbst Heilungen. Frauen, die vom Leben enttäuscht, vergrämt, von Depressionen belastet zu uns kommen, kehren sehr oft wie verwandelt heim und lassen uns dann wissen, daß der Aufenthalt bei uns ihr Leben von Grund auf veränderte: »Es hat mir ja so gut getan!« Auf diesem Gebiet wirkt sich das Fasten sehr positiv auf die Hormonproduktion und -regulierung aus.
In den meisten Fällen kommen die betroffenen Frauen, wie Frau Hedwig, zunächst nicht, um Heilung zu finden. Sie wollen wieder attraktiver, jünger, schlanker werden. Dann erfahren sie aber, daß das Heilfasten in erster Linie keine

kosmetische Behandlung darstellt, sondern eine Therapie, einen Heilvorgang. Sie haben oft über Jahre oder gar Jahrzehnte die »Pille« genommen und damit massiv in das organische Geschehen eingegriffen. Sie haben in vielen Fällen Übergewicht, Stoffwechselstörungen, zu niedrigen oder zu hohen Blutdruck – und nicht selten eben typische Frauenleiden: Kreuzschmerzen, Unterleibsbeschwerden, Probleme mit einer stark und viel zu schnell alternden Haut, mit der gefürchteten Zellulitis. Diese häßliche »Orangenhaut«, die sich nur bei Frauen findet, eine Erscheinung, die es angeblich vor 50 Jahren noch nicht gegeben hat – zumindest findet man nicht den geringsten Hinweis in der medizinischen Fachliteratur –, ist ein sehr gutes Beispiel dafür, daß Schönheit nicht von der Gesundheit zu trennen, nicht ohne Gesundheit zu haben ist und daß die großen alten Ärzte vor Jahrhunderten absolut recht hatten, wenn sie den Frauen sagten: Die Schönheit kommt von innen. Sie kann nur erhalten bleiben, solange der Körper innerlich intakt und sauber ist und fehlerfrei funktioniert. Eine gesunde, vitaminreiche Speise ist und bleibt die beste Kosmetik.

Das Beispiel Zellulitis zeigt aber auch, daß es absolut kein übertriebener Luxus ist, etwas gegen derartige »Schönheitsfehler« zu unternehmen, denn sie sind Alarmzeichen: Der Körper befindet sich in Not und braucht Hilfe. Bleibt sie aus, wird er krank. Wenn es deshalb heute immer noch Ärzte gibt, die sich weigern, die Zellulitis als gesundheitliche Störung anzuerkennen, die in den Bemühungen, sie wegzubringen, nur einen »Moderummel« sehen wollen, dem sich der Arzt versagen muß, dann haben diese Mediziner nicht begriffen, was sich bei dieser Störung abspielt: Es handelt sich um Ablagerungen zwischen Haut und Unterhaut, wobei das Bindegewebe verändert wird. Es bilden

sich Riesenzellen, die auf krankhafte Weise Gewebswasser an sich binden. Schließlich wachsen zwischen diesen Zellen auch noch scharfkantige Kristalle, die Schmerzen bereiten, wenn man die Haut zusammenkneift.
Der Schweizer Arzt Dr. Franklin Bircher war einer der ersten, der die eigentliche Ursache der Zellulitis erkannte: falsche Ernährung und mangelnde Bewegung. »Zellulitis«, so sagte er schon vor Jahrzehnten, »ist ein Reinigungsproblem. Wenn es dem Körper nicht mehr ausreichend gelingt, den Abfall der Stoffwechselprozesse wegzuschaffen, dann verstopfen sie die Wege zu den Zellen der Haut. Denn dort werden sie – speziell bei schlecht durchbluteter Haut – zuerst abgelagert. Die feinsten Blutgefäße werden blockiert, das Bindegewebe entartet zu ›Müllhalden‹.«
Bei Männern übrigens genauso wie bei Frauen. Nur besitzen sie eine dickere Haut, so daß diese Fehlentwicklung besser kaschiert wird.
Wenn man das weiß, dann wird man nicht mehr versuchen, mit Cremes oder Salben oder anderen Mittelchen die »Orangenhaut« von außen her zu beeinflussen. Statt dessen wird man darangehen, die Ablagerungen aus dem Körper zu putzen.
Und das geschieht am besten wiederum mit der Heilfasten-Therapie. Auch in diesem Fall gilt: Nicht warten, bis die Haut so »bucklig« geworden ist, daß man sich nicht mehr im Badeanzug unter Menschen traut! Je früher eine Zellulitis mit Heilfasten angegangen wird, desto gründlicher läßt sie sich beseitigen. Auch die Zellulitis ist kein Schicksal, das man hinnehmen müßte. In diesem Zusammenhang noch ein Wort zu den so häufigen Kreuzschmerzen, einem so typischen Frauenleiden. Vor Jahren litten angeblich Millionen Menschen an lädierten Bandscheiben. Inzwischen ist es um dieses Leiden merkwürdig still geworden. Und das

darf keineswegs verwundern. Denn relativ selten, das hat man längst einsehen müssen, resultierten Rücken- und Kreuzschmerzen von verschobenen Bandscheiben, sondern, speziell bei Frauen, von Unterleibsstörungen. Daß Frauen also viel häufiger unter Kreuzschmerzen zu leiden haben als Männer, das resultiert nicht aus ihrer größeren Wehleidigkeit, auch nicht aus der zarteren Konstitution, sondern ganz einfach aus ihrer Weiblichkeit. Ein volles Fünftel aller Störungen im Unterleib ist mit Kreuzschmerzen verbunden. Dieser Zusammenhang ist so deutlich, daß Frauen, vor allem jüngere Frauen, bei plötzlichen und unerklärlichen Kreuzschmerzen immer zuerst daran denken sollten, daß rund um die Gebärmutter etwas nicht ganz in Ordnung sein könnte. Möglicherweise handelt es sich um eine mehr oder weniger harmlose Senkung der Gebärmutter, um Verwachsungen, eine Entzündung, eine gutartige Geschwulst an der Gebärmutter, am Eierstock oder einem Eileiter. Selbst Regelstörungen können Kreuzschmerzen auslösen. Meistens gehen sie von den Mutterbändern aus, die die Gebärmutter halten. Dieser Halteapparat ist nämlich recht empfindlich und meldet sich sofort, wenn er übermäßig gedehnt oder gestaucht wird, wenn also etwas an ihm zieht oder auf ihn drückt.
Interessanterweise nun beobachtet der Fastenarzt sehr häufig, daß sich solcherart bedingte Kreuzschmerzen während des Heilfastens rasch verlieren.

Allergien

Manchmal ist es unübersehbar: Jemand ißt Nüsse. Momente später ist seine Haut über und über mit kleinen roten Punkten überzogen: Nesselsucht.

Es gibt auch Menschen, die verlassen fluchtartig ihre Heimat und machen Urlaub auf der Insel Helgoland, sobald die erste Baumblüte sich zeigt. Sie leiden unter dem sogenannten Heuschnupfen. Treffender sollte man sagen, der Blütenstaub macht sie krank. Jahr für Jahr. Sobald die Bäume in voller Blütenpracht stehen, rinnt die Nase, als hätten sich die Betroffenen fürchterlich erkältet.
Doch so klar erkennbar sind die meisten Allergien leider nicht. Und Hautausschläge und Schnupfen sind auch nicht die einzigen üblen Auswirkungen von Allergien. Fast könnte man sagen: Es gibt kaum ein Leiden, das letztlich nicht eine Allergie sein könnte. Die Wissenschaftler sind heute zur Einsicht gelangt, daß viel mehr Krankheiten als bisher angenommen keine Erkältungen, keine Vergiftungen, keine Kreislaufstörungen, keine Infektionen, keine psychischen Störungen – sondern eben Allergien sind: Der Körper reagiert auf eine ganz gewöhnliche, harmlose Substanz, als hätte er einen gefährlichen Krankheitserreger vor sich.
So war es auch bei der Schülerin Hildegard, einem hübschen 16jährigen Mädchen aus Freiburg. Die Vorgeschichte ist ein Beispiel dafür, in welcher tückischen Welt wir heute leben: Hildegard war bis kurz vor ihrem 16. Geburtstag nach Angaben ihrer Eltern ein sehr liebenswürdiger, verträglicher junger Mensch. »Alle mochten sie. In der Schule gehörte sie zu den Besten«, versicherte mir ihre Mutter. Und dann kam so etwas wie ein unerklärlicher, unheimlicher Bruch: Hildegard entwickelte völlig grundlose Aggressionen, die überhaupt nicht zu dem bis dahin so liebenswerten Mädchen paßten. Die plötzlichen Wutanfälle beschränkten sich keineswegs auf verbale Attacken. Sie ging handgreiflich auf ihre Geschwister, auf die besten Freundinnen und selbst auf die Eltern los. Sie warf mit al-

lem, was gerade greifbar war. »Wir waren uns unseres Lebens nicht mehr sicher«, erzählte die Mutter. »Wir mußten Messer und Scheren und dergleichen Dinge verstecken – aus Angst, Hildegard könnte sie als ›Waffen‹ gegen uns benutzen.«

Die Veränderung ihrer Tochter wurde den Eltern immer unheimlicher. Erst dachten sie, das wären momentane pubertäre Probleme, die sich wieder verflüchtigen würden. Dann begannen sie, am Geisteszustand ihres Kindes zu zweifeln. Die »Anfälle« dauerten immer nur kurz. Hinterher brach Hildegard in heftiges Weinen aus und klagte der Mutter: »Ich habe Angst. Helft mir. Ich kann nichts dafür, daß ich mich so häßlich benehme. Es kommt einfach über mich. Ich kann nichts dafür. Wenn ich nur wüßte, was mit mir los ist. Manchmal glaube ich, ich hätte den Teufel im Leib.«

Die Eltern gingen mit Hildegard zum Arzt. Der schickte sie zum Psychiater. Und der Psychiater gab Hildegard stark beruhigende Medikamente, ohne daß sich ihre Verfassung gebessert hätte. Im Gegenteil, die Aggressionen wurden noch schlimmer. Hildegard stand kurz davor, die Schule verlassen zu müssen, als ein weiterer Arzt die Ursache der Veränderung erkannte: Allergie. Und dieser Arzt gab Hildegards Eltern dann auch den Rat: »Lassen Sie Ihre Tochter eine Heilfastentherapie machen, damit ihr Körper erst einmal zur Ruhe kommt. Wir können danach um so besser feststellen, worauf sie so heftig allergisch reagiert.«

Hildegard kam also zu mir. Und das »Wunder« geschah. Schon am dritten Tag, also noch mitten in der ersten schwierigen Anfangsphase, wurde Hildegard merklich ruhiger, ihre »Anfälle« hörten auf. Und dann war sie nicht wiederzuerkennen. Selten hat ein junger Mensch bei uns so eifrig eine Therapie mitgemacht. Fast unfaßbar, daß dieses sonnige, heitere Mädchen derselbe Mensch sein sollte, der vor wenigen Tagen noch aggressiv und widerspenstig zu uns gekommen war.

Als die Eltern Hildegard nach 14 Tagen besuchten, sagten sie mit Tränen in den Augen: »Das ist wieder Hildegard, so wie wir unsere Tochter vor ihrer Erkrankung gekannt hatten.«

Hildegard ist nach drei Wochen frei von allen »Anfällen« nach Hause zurückgekehrt. Und es hat nie wieder einen »Rückfall« gegeben. Nicht auszudenken, was mit diesem wunderbaren Menschen hätte geschehen können, wäre die Persönlichkeitsveränderung nicht rechtzeitig als Allergie erkannt worden!

In umfangreichen Allergietests fand ich noch während des Heilfastens, daß Hildegard eine ganze Reihe von Zusatzstoffen in Lebensmitteln, vor allem in Schleckwaren, nicht vertragen konnte. Sie wurden vom Speiseplan gestrichen – und Hildegard blieb gesund, ein froher, auch in der Schule tüchtiger junger Mensch.

Das ist es, was ich meinte mit der Schwierigkeit, hinter einem Leiden eine Allergie zu erkennen. Ich persönlich bin überzeugt davon, daß vieles von dem, was gerade jungen Leuten heute als Zügellosigkeit, als Unbeherrschtheit, als Ungezogenheit vorgeworfen wird, letztlich das Ergebnis allergischer Reaktionen ist: Sie sind krank, nicht böse. Wir alle nehmen mit der Atemluft und mit der Nahrung soviel Gifte, Schadstoffe, neuartige chemische Zusatzstoffe auf, daß sich unser Körper nicht mehr auskennt und in eine Art Panik gerät. Er schlägt blindwütig um sich, weil er sich bedroht fühlt. Hierbei dürfte wiederum die Seele eine ganz gewichtige Rolle spielen. Man sagt: »Ich kann dich nicht riechen«, wenn man jemand unwillkürlich ablehnt. Und: »Sie ist verschnupft«, wenn jemand Ärger hatte. Und das

ist ganz richtig. Da fühlt sich eine Frau beispielsweise verletzt, weil ihr Mann rücksichtslos raucht. Doch sie schweigt und tut so, als würde es ihr überhaupt nichts ausmachen. Der Körper spielt vielleicht eine Zeitlang mit, möglicherweise sogar über Jahre. Doch dann lehnt er sich auf. Er wird allergisch gegen den Zigarettenrauch.
Oder: Man hat sich eine Katze angeschafft, fühlt sich von ihr aber stark belästigt, obwohl man das niemals zugeben würde. Der Körper reagiert – vielleicht erst nach Monaten – allergisch auf Katzenhaare. Die Beispiele könnten beliebig fortgesetzt werden. Oft sind es scheinbar unbedeutende Kleinigkeiten – mit riesigen Auswirkungen. Das ist eine zusätzliche Schwierigkeit bei der Entdeckung des Allergens, also der auslösenden Substanz: In aller Regel reagiert der Körper nicht sofort allergisch. Niemand bekommt schon beim erstenmal, wenn er eine Nuß verspeist, eine Nesselsucht. Sie zeigt sich frühestens beim zweiten Verzehr einer Nuß. Erst dann nämlich, wenn der Körper gegen die vermeintlich gefährliche Substanz Antikörper gebildet hat. Man kann also niemals sagen: Bisher habe ich die Nüsse doch vertragen, also muß es eine andere Ursache geben.
Beim Fasten nun – weg von der gewohnten Umgebung, befreit von der krankmachenden Nahrung – kann der Körper seine »Panik« loswerden. Er gewinnt nicht nur den nötigen Abstand von den Stoffen, auf die er allergisch reagiert – er vermag sich auch gegen sie zu stabilisieren. Das erklärt die großen Erfolge des Heilfastens bei Allergien.
Selbst Krankheiten wie Heuschnupfen lassen sich damit so weit »in den Griff« bekommen, daß der Schnupfen bei regelmäßigem Fasten schließlich ganz ausbleibt. Das ist bisher leider viel zu wenig bekannt.
Da Allergien aber in unseren Tagen zum geheimen Volks-

leiden geworden sind, gewinnt das Heilfasten als die Therapie dagegen schlechthin enorm an Bedeutung. Eigentlich sollte jeder, der sich mit irgendeiner Gesundheitsstörung herumplagt, deren Ursache er nicht kennt, einmal heilfasten – gewissermaßen als Test.

Diabetes

In älteren Schriften über das Thema Heilfasten kann man noch lesen, die Zuckerkrankheit gehöre zu den Stoffwechselstörungen, bei denen sich das Heilfasten verbiete, wenn der Insulinbedarf bereits sehr hoch geworden sei. Das ist überholt – zumindest in einer Klinik, die über ein modern eingerichtetes Labor verfügt, in dem so gut wie alle heute möglichen Tests und Kontrollen gemacht werden können.

Frau Luise O., Geschäftsfrau in Berlin, wollte fasten, um ihre acht Kilogramm Übergewicht loszuwerden. »Mein Gewicht beginnt mich zu erdrücken«, schrieb sie mir. »Außerdem kann ich den Anblick im Spiegel nicht länger ertragen.« Kein Wort über irgendeine gesundheitliche Störung, über Müdigkeit, starken Durst und dergleichen. Für sie war, wie sich schon bei der Aufnahme-Untersuchung herausstellte, die Mattigkeit, die Lustlosigkeit völlig selbstverständlich geworden. »Man wird eben älter und muß einsehen, daß vieles nicht mehr so möglich ist wie einst in jüngeren Jahren. Oder etwa nicht?« fragte sie mich erstaunt, als ich mich nach Befindensstörungen und Hinweisen auf eine Erkrankung erkundigte.

Der Zuckertest ergab Diabetes. Die Blutzuckerwerte lagen bei 180, also in bereits deutlich zu hohen Bereichen.

Meine Patientin reagierte auf diese Diagnose, als hätte ich

ihr qualvolles Siechtum angekündigt. Sie brach in Tränen aus und meinte verzweifelt: »Das heißt doch, ich muß in Zukunft auf alles verzichten, was Spaß bereitet? Kein Stückchen Kuchen mehr, keinerlei Süßigkeiten. Nicht einmal ein kräftiges Stück Brot! Statt dessen fade Süppchen und dergleichen. Wie soll ich bloß meiner Familie beibringen, daß es bei uns ab sofort nur noch Diabetiker-Mahlzeiten gibt?«

»Nun mal langsam«, versuchte ich Frau Luise O. zu beruhigen. »Das Wichtigste ist zunächst, daß wir die Stoffwechselstörung erkannt haben. Damit ist sie bereits halb so schlimm geworden. Nun wollen wir noch versuchen, sie zu korrigieren. Wenn wir etwas Glück haben, dann bekommen wir die Sache so hin, daß Sie fortan nicht nur ein ganz normales Leben führen können. Sie werden sich auch wieder jung und leistungsfähig fühlen. Es war ein großer Fehler, sich mit 49 Jahren alt zu fühlen und mit Beeinträchtigungen abzufinden. Damit haben Sie sich nur unnötig herumgequält und schönste Jahre verschenkt.«

Leider denken und handeln heute viel zuviele ganz ähnlich wie die Geschäftsfrau aus Berlin. Wenn sie zum erstenmal wahrnehmen, daß irgend etwas mit der Gesundheit nicht stimmt, dann warten sie ab: »Das wird schon wieder.« Und damit haben sie ja auch nicht so ganz unrecht. Wer wüßte es nicht: Der Körper versteht es immer wieder, Fehler und Nachlässigkeiten »auszubügeln« und auch von sich aus Angriffe von Krankheitserregern abzuwehren. Nur: Wenn mit der Zeit von allen Seiten pausenlos Überforderungen auf ihn eingestürmt sind und unentwegt neue dazukommen, dann kommt der Zeitpunkt, an dem er einfach nicht mehr kann. Dann sagen die Betroffenen in der Regel nicht mehr: »Das wird schon wieder.« Dann beginnen sie zu resignieren: »Ich werde langsam alt.«

Beide Standpunkte sind meistens falsch. Niemand darf sich mehr einreden, ein Leiden würde von selbst wieder ausheilen, wenn es schon über Wochen andauert. Ein Schnupfen, der sich länger als drei Wochen hinzieht, ein Husten, der nach derselben Zeit unvermindert ist, Schmerzen, die immer wiederkehren und nur mit Tabletten verwischt werden können – das alles fordert die ärztliche Behandlung, damit sich kein chronisches Leiden festsetzen kann.

Und: Niemand braucht sich heute mehr mit 50 Jahren alt zu fühlen. Wenn in diesem Alter schon deutliche Leistungsminderungen auftreten, die Abwehrkräfte erlahmen, die Beweglichkeit nachläßt oder gar deutliche Befindungsstörungen auftreten, dann darf man das nicht resigniert als Anzeichen des Alterns hinnehmen. Dann stimmt etwas mit der Gesundheit nicht. Und deshalb wäre es wiederum höchste Zeit, den Arzt zu konsultieren.

Diabetes, sofern er nicht von Jugend an gegeben war oder aus einer verschleppten Infektion resultiert, bei der die Bauchspeicheldrüse zerstört wurde, ist eine typische »Verschleißerkrankung«. Eigentlich sollte man nicht vom Altersdiabetes sprechen, sondern eher vom Abnützungsdiabetes oder vom Erschöpfungsdiabetes. Wie es durch übermäßigen Genuß von Zuckerwaren, Weißbrot, Reis auf der einen Seite und durch pausenlosen, nicht abgebauten Streß auf der anderen zu dieser Zuckerstoffwechselstörung kommt, habe ich schon dargelegt. Tatsache ist, daß unter uns viele hunderttausend Diabetiker leben, ohne daß sie etwas von ihrer Krankheit wissen. Und auch das steht fest: Fast jeder Mensch mit Übergewicht entwickelt nach 20 Jahren eine Störung des Zuckerstoffwechsels. Und jeder zweite Diabetiker über 60 Jahren leidet an gefährlicher Arteriosklerose. Bei vielen Herzinfarktpatienten wird zugleich ein Diabetes entdeckt. Wer seine Zuckerkrankheit nicht behandelt, so daß seine Blutzuckerwerte auf normal eingestellt sind, der muß mit offenen Beinen rechnen – Wunden, die nicht mehr heilen wollen. Seine Lebenserwartung verschlechtert sich. Außerdem kann es durch Entgleisung im Zuckerhaushalt zu lebensbedrohlichen Zuständen kommen, bei einem zu hohen Zuckerwert zum Koma, bei sehr niedrigem Zuckerspiegel zum sogenannten hypoglykämischen Schock. In vielen Fällen kommt es bis zur Bewußtlosigkeit. Deshalb dürfen Diabetiker, die ihre Krankheit nicht behandeln, ihre Zuckerwerte nicht ständig kontrollieren, nicht ans Steuer.

Zu hohe Blutzuckerwerte – aber auch zu niedrige – sind ein großer Gesundheits-Risikofaktor. Daran kann es keinen Zweifel geben. Mit dem Heilfasten aber – und das ist eine riesige Leistung – kann der Diabetiker, der bereits viel Insulin spritzen muß, die Dosis ganz deutlich reduzieren. Wer noch wenig Insulin braucht, der vermag vom Insulin auf Tabletten umzustellen. Wer bisher nur Blutzucker senkende Medikamente benötigte, kann recht häufig ganz darauf verzichten. Dadurch sinkt das Risiko plötzlicher Unterzuckerung erheblich.

Doch gerade beim heilfastenden Diabetiker zeigt es sich, wie wichtig der erfahrene Fastenarzt ist: Da der Fastende selbstverständlich nur geringe Mengen an Honig, Zucker und anderen Kohlenhydraten bekommt, muß sein Zuckerspiegel täglich genau kontrolliert und notfalls korrigiert werden.

Doch wenn das pünktlich und gewissenhaft gemacht wird, besteht für den Patienten kein Risiko. Die angeschlagene Bauchspeicheldrüse kann sich während des Fastens erholen. Das kommt, wie dargelegt, nicht nur der Insulinproduktion, sondern auch der Herstellung von Enzymen zu-

gute, so daß hinterher die Verdauung und auch das Abwehrsystem wieder besser funktionieren.
Bei Frau Luise O. haben wir das Heilfasten mit einer Pankreas-Serum-Therapie kombiniert. Auf solche flankierenden Therapien komme ich später noch zurück.
Das Ergebnis ihrer Behandlung: Sie war nach drei Wochen nicht nur von ihrem Übergewicht befreit, sondern besaß vollkommen normale Blutzuckerwerte, war also keine Diabetikerin mehr. Und da sie sich in der Folgezeit an unsere Ernährungsvorschriften gehalten hat, durfte sie sogar ganz normal speisen, ohne jedes spezielle Verbot, ohne allzu große Einschränkungen. Auch von Frau O. kann man sagen: Nach dem Heilfasten sah sie wenigstens 15 Jahre jünger aus.
Bei mir haben auch schon Diabetiker gefastet, die bereits täglich Insulin spritzen mußten. In solchen Fällen kann die Insulin-Dosis allein des Fastens wegen während der Therapie herabgesetzt werden. Und fast immer wird erreicht, daß die kleinere Dosis auch später nicht wieder erhöht werden muß.

Herz-Kreislauf-Störungen

Angst haben die meisten Menschen vor einer Krebserkrankung. Doch sie sterben weit häufiger an einem Herz-Kreislaufleiden. Jeder dritte wird ihr Opfer – in Deutschland sind das über 350000 Menschen pro Jahr. Und es trifft keineswegs nur die Hochbetagten, deren Herz eines Tages stehenbleibt, sondern immer mehr recht junge Leute, obwohl heute doch so viel Sport betrieben wird und uns in ausgedehnter Freizeit so viele Möglichkeiten der gesunden Erholung angeboten werden.

Was ist schuld an dieser fatalen Entwicklung? Man muß immer wieder dieselben Gründe anführen: unvernünftige, hektische Lebensweise, falsche Ernährung. Die wenigsten verstehen es noch, sich in der Freizeit richtig zu entspannen, gesund zu leben. Auch die Wochenenden und die Urlaubstage sind erfüllt von zermürbendem Streß und beladen mit viel zu üppigen Speisen. Von den nervenzerfetzenden Feierabenden vor dem Bildschirm gar nicht zu reden.

Zu mir kam das Ehepaar Erika und Markus T. aus München, sie 34, er 38 Jahre alt, zwei sehr sympathische, gebildete, aber auch recht unruhige, erschöpfte Menschen. Erika T. hatte etwa 5 Kilogramm Übergewicht, ihr Mann war, abgesehen von einem nicht übermäßigen Bauch, fast schlank. Beide wollten, wie sie sagten, einen »Gesundheitsurlaub« machen, weil sie das Gefühl hatten, ihre Reserven wären aufgebraucht. Beide arbeiteten übrigens beim Bayerischen Rundfunk.

Die Aufnahme-Untersuchung ergab Blutdruckwerte von 160/90 bei ihr. Er besaß, wie sich im Verlauf des Heilfastens herausstellte, recht labile Blutdruckwerte.

Ich konnte das Ehepaar von der Zweckmäßigkeit einer Heilfasten-Therapie überzeugen. Beide waren sofort dazu bereit. Doch sie stürzten sich miteinander so vehement auf die neue Aufgabe, daß ich an allen Ecken und Enden abbremsen mußte. Ständig verfolgten sie ein Programm, das auf die Minute genau durchgeführt werden mußte. Bei allem, was ich anordnete, steigerten sie sich in maßlose Übertreibungen hinein. Keine freie Minute, in der sie nicht mit irgend etwas beschäftigt gewesen wären.

Am dritten Tag mußte ich eingreifen. Ich ließ das Paar zu mir kommen und machte ihm klar: »So geht es nicht. Wenn Sie nicht zur Ruhe finden, ist alles, was wir tun, umsonst.« Ich schlug vor, sie sollten ihre Uhren zur Aufbewahrung an der Rezeption abgeben und möglichst auch das Fernsehgerät aus ihrem Zimmer entfernen lassen. »Lernen Sie doch, unbeschwert in den Tag hineinzuleben und richtig zu faulenzen. Es läuft Ihnen nichts davon«, mahnte ich eindringlich.

Und dann versuchte ich, ihnen ihr eigentliches Gesundheitsrisiko zu erklären – eines, das heute unendlich weit verbreitet ist: das Problem heißt innere Uneinigkeit.

Da ist auf der einen Seite das Herz, die Blutpumpe in unserem Körper. Es könnte die Aufgabe, das Blut bis in die letzte Zelle des Organismus zu drücken, nicht bewältigen, hätte es auf der anderen Seite nicht Millionen Helfer, nämlich Gefäßmuskeln rund um die Arterien entlang der kilometerlangen Strecke des Kreislaufs. Diese Muskeln entspannen sich und machen damit die Gefäße weit, sobald die Blutwelle anrollt. Wenn sie da ist, ziehen sie sich zusammen und pressen so das Blut weiter. Das ist ein wunderbarer, normalerweise perfekt funktionierender Mechanismus.

Nun hat der Kreislauf aber nicht nur die vielen Milliarden Körperzellen zu versorgen und zu entsorgen, und er kann diese Arbeit auch nicht im ruhigen gleichmäßigen Rhythmus erledigen. Wir wissen es: Kleinste Anstrengungen bedingen sofort einen erhöhten Bedarf an Sauerstoff und Energie. Wir beginnen, heftiger zu atmen, und das Herz pocht schneller. Dasselbe ist bei Aufregungen der Fall. Dazu kommt noch folgendes: Unser Blutkreislauf ist zugleich das Kühl- und Heizungssystem unseres Körpers. Wenn wir in die Kälte treten, schließen sich die Blutgefäße in der Haut, damit das Blut sich nicht zu stark abkühlt und die Kälte nicht ins Körperinnere tragen kann. Bei Hitze dagegen schickt der Körper möglichst viel Blut in die Haut,

damit es sich dort kräftig abkühlen kann und im Körperinnern kein Hitzestau entsteht. Viele tausend Schalt- und Steuerungsvorrichtungen, die nun wirklich perfekt aufeinander abgestimmt sein müssen! Wenn sich hier auch nur der kleinste Fehler einschleicht, dann geraten die ganzen Steuerungen durcheinander.
Um nur zwei Beispiele zu nennen: Reagiert jemand, weil er nicht abgehärtet ist, zu hektisch auf minimale Temperaturschwankungen, dann bleiben die Blutgefäße in der Haut mehr oder weniger ständig geschlossen. Die Haut ist schlecht versorgt und wird krank. Die Krankheitserreger können sich auf und in ihr ungehindert vermehren.
Oder: Das Herz besitzt eigene Nervenimpulse, die das Tempo des Herzschlags regeln. Wenn diese Impulse mit denen der Gefäßmuskeln aus dem Takt geraten, dann sind die Gefäße möglicherweise gerade verschlossen, wenn die Blutwelle anrollt und offen, wenn das Blut weitergeschoben werden soll. Das heißt: Herz- und Gefäßmuskeln leisten doppelte und dreifache Anstrengungen – und das Blut kann trotzdem nicht zügig und ungehindert fließen. Weil man gegeneinander arbeitet. Im Körper herrscht Fehlsteuerung. Uneinigkeit, Disharmonie.
Auf diese Weise kommt es ganz sicher sehr häufig zum Bluthochdruck oder auch, je nach Typ, zur Herzschwäche. Wer möglichst schonend leben will, der muß dafür sorgen, daß sein Herz bei denkbar kleinster Anstrengung möglichst viel Blut im Kreislauf in Bewegung hält. Alles andere führt zum vorzeitigen Verschleiß, zu verfrühtem Altern, eben zu Herz-Kreislauf-Erkrankungen.
Beim Heilfasten nun werden Herz und Kreislauf besonders wirkungsvoll entlastet: Zum einen entfällt die Arbeit der Verdauung. Zum zweiten wird der Körper entwässert, also auch das Blutvolumen verringert und somit der Blutdruck

gesenkt. Zum dritten bekommt das Herz »Luft«, weil der Druck vom überfüllten Bauch auf das Zwerchfell schnell abgebaut wird. Zum vierten werden die Blutgefäße von Ablagerungen gereinigt, so daß das Blut wieder freier und unter niedrigerem Druck fließen kann. Zum fünften lernt der Fastende, sich zu entspannen, wodurch sich innere Verkrampfungen lösen.

Und so weiter. Es kommt noch eine Reihe komplizierter biochemischer Vorgänge hinzu, die sich positiv auf Herz und Kreislauf auswirken. Doch dies zu erklären, ist hier überflüssig.

All das aber führt nun letztlich dazu, daß die innere Harmonie wiederhergestellt wird. Eine Funktion spielt sich wieder auf die andere ein, so daß wie bei einem Uhrwerk wieder ein Rädchen ins andere greift.

Deshalb ist es keineswegs verwunderlich, daß Leute, die mit Bluthochdruck zu fasten begonnen haben, hinterher normale Blutdruckwerte besitzen; daß Hypotoniker, also jene, die einen zu niedrigen Blutdruck haben, hinterher ebenfalls Normalwerte haben. Beim einen wird das, was zu hoch ist, gesenkt, beim anderen das zu Niedrige angehoben.

Frau Erika T. hat während des Fastens rund 7 Kilogramm abgenommen. Ihr Blutdruck war danach: 130/85. Als sie ein Jahr später wieder zu mir kam, hatten sich die Werte nur unwesentlich auf 140/85 erhöht.

Etwas schwieriger als bei ihr war die Behandlung bei ihrem Mann. Er litt an der sogenannten vegetativen Dystonie, das ist jene typische Störung – früher sprach man von der »Nervenschwäche« –, bei der die Diagnose normalerweise lautet: »Organisch sind Sie völlig gesund. Sie müssen sich abhärten, für Ruhe und Ausgleich sorgen.«

Tatsächlich kann bei dieser Überempfindlichkeit aber das

vegetative Nervensystem so aus den Fugen geraten sein, daß kaum eines der Organe noch völlig gesund funktioniert und sich der Betroffene nur ganz selten noch richtig wohl fühlt. Er gerät bei kleinsten Anstrengungen oder Aufregungen ins Schwitzen, friert schon bei normalen Temperaturen, leidet selbst bei minimalsten Wetterveränderungen unter Kopfschmerzen, unter Herzschmerzen oder Herzjagen. Schon der Gedanke an das, was morgen sein könnte, führt zu Durchfall oder Verstopfung. Entsprechend labil ist auch die psychische Verfassung.

Das ist weit mehr als nur ein »Schönheitsfehler« der Gesundheit, den man einfach übersehen darf. Oft läßt sich dieses überempfindliche Reagieren auch nicht einfach mit Abhärten, etwa Kneipp-Kuren, aus der Welt schaffen. Nimmt man es aber hin, dann können daraus ernsthafte Schädigungen vor allem an Herz und Kreislauf, aber auch im Magen-Darmbereich entstehen.

Markus T. begann schon in den ersten Tagen des Heilfastens, erbärmlich zu frieren. Selbst im Bett war es ihm unmöglich, sich zu wärmen. Er brauchte eine Bettflasche. Obwohl es Hochsommer war, lief er im dicken Pullover herum. Im Schwimmbad, das bei uns wohltemperiert ist, schnatterte er schon nach wenigen Minuten. »Ich weiß, ich werde mich schrecklich erkälten. Ich kenne das«, befürchtete er.

Doch er war ja nicht der erste, der auf diese Weise auf das Fasten reagierte. Er bekam von mir ein natürliches Kreislaufmittel. Ich verordnete außerdem Ionozonbäder, ließ ihn mehrmals täglich Arm- und Fußwechselbäder machen und riet ihm zur sinnvollen Beschäftigung an der Sonne.

Ab dem fünften Tag begann er, sich wohl zu fühlen. »Mein Herzstechen ist weg«, berichtete er mir. »Mir ist auch nicht mehr zu kalt.«

Erika und Markus T. haben sich in den vier Wochen Aufenthalt in unserer Klinik so gut erholt wie ganz sicher in keinem Urlaub zuvor.
An anderer Stelle habe ich schon darauf hingewiesen, wie segensreich das Heilfasten bei allen Herz-Kreislauf-Erkrankungen, speziell bei Arteriosklerose, bei Angina pectoris, bei Durchblutungsstörungen, aber auch in Fällen wie denen von Erika und Markus T. ist. Ich bin davon überzeugt, daß mit gezieltem Heilfasten, rechtzeitig durchgeführt, unendlich vielen Herz-Kreislauf-Erkrankungen vorgebeugt werden könnte. Markus T. beispielsweise hat mir geschrieben, daß er seit seinem Heilfasten von den pausenlosen Erkältungen verschont bleibt. Was allein diese Stabilisierung bedeutet, ist unschätzbar. Wie sinnvoll und effektiv könnte es sein, würden die Krankenkassen solche Gesundheitsmaßnahmen übernehmen, um damit auf wirksame Weise dafür zu sorgen, daß spätere kostspielige Heilversuche überflüssig werden!
(Ausführliche Darlegungen über Herz-Kreislauf-Erkrankungen und die Möglichkeiten, ihnen beizukommen, finden Sie in meinem Buch »Herz fit« aus der Reihe der Herbig Gesundheitsratgeber.)

Gicht

Hansjürgen Z., 57 Jahre alt, stark übergewichtig, ein sehr erfolgreicher Bankdirektor aus Düsseldorf, kam nach dem Abbruch eines völlig verpatzten Urlaubs nach Obertal. Mit seiner Familie war er nach Algerien geflogen, froh, der »Berufsmühle« endlich einmal entronnen zu sein. Doch schon am ersten Abend unter Palmen begann das Unheil mit einer Flasche samtweichen Rotweins, die der Bankdi-

rektor genüßlich kostete. Zwei Stunden später bäumte er sich unter Schmerzen auf. Beide Knöchel waren feuerrot. Und dick angeschwollen. Hansjürgen Z. hatte einen seiner gefürchteten Gichtanfälle. Ausgerechnet da unten, fernab von einem Arzt und einer Apotheke. Und schlimmer als jemals zuvor. Bisher hatten sich die Schmerzen auf die linke große Zehe beschränkt. Diesmal waren es die Knöchelgelenke. Der Bankdirektor lag bewegungslos im Bett. Die kleinste Bewegung ließ ihn aufheulen. Er hatte Fieber und schob mißmutig auch die leckersten Speisen zur Seite.
Das ging fast drei Tage so. Dann schien sich eine Besserung anzubahnen. Doch schon sieben Stunden später stellte sich der zweite Schmerzanfall ein – diesmal, ohne daß Hansjürgen Z. zur Flasche gegriffen hätte. Und der Anfall war noch heftiger als der erste. Der sonst so lebenslustige Bankdirektor war nicht mehr zu halten. Er brach seinen Urlaub ab, flog zurück nach Hause – und fuhr gleich weiter in das Schwarzwald Sanatorium.
»Nun führt kein Weg mehr daran vorbei. Ich muß abnehmen«, stöhnte er. »Vielleicht wird damit meine Gicht wenigstens ein bißchen besser.« Seine Gicht war ziemlich fortgeschritten. Die Labortests ergaben erheblich erhöhte Harnsäurewerte. Und ich wußte, was das bedeutet: Während des Fastens steigt der Harnsäurespiegel erst einmal an. Es galt also, Vorsorge zu treffen, damit nicht umgehend ein neuer Gichtanfall ausgelöst wurde.
Das sind erschreckende Zahlen: Seit dem Ende des letzten Krieges haben sich die Gichterkrankungen in unserer Heimat verzwanzigfacht! Mehr noch: Die Leute bekommen die sehr hinderliche, schmerzhafte, häßliche Krankheit gut und gerne 20 Jahre früher als noch vor ein paar Jahrzehnten. Damals waren die 50jährigen betroffen. Heute begegnen wir Ärzte schon 30jährigen Gichtpatienten.

Und noch eine böse Entwicklung: Früher dauerte es im Durchschnitt 20 Jahre, bis sich aus gelegentlichen Gichtanfällen eine chronische Krankheit entwickelt hatte – mit verkrüppelten Gliedmaßen! Heute ist das schon spätestens nach neun Jahren soweit – vorausgesetzt, es werden keine wirksamen Heilmaßnahmen dagegen getroffen.
Früher galt die Gicht als »Wohlstandsleiden« der Reichen. Heute werden alle Schichten heimgesucht – in erster Linie die Männer. Am Anfang der Krankheit steht wieder einmal eine erblich bedingte Veranlagung! Nicht jeder, der zu üppig und zu unvernünftig speist, der viel Alkohol trinkt oder zuviel Fleischspeisen verzehrt, bekommt automatisch eine Gicht. Sie entwickelt sich bei solchen Fehlern nur dann, wenn eine angeborene Stoffwechselkrankheit vorliegt: Im Blut konzentriert sich zuviel Harnsäure. Entweder weil die Nieren sie nicht gründlich genug ausfiltern oder weil der Körper ständig Übermengen davon produziert, so daß es gar nicht möglich ist, sie jeweils restlos wegzuschaffen. Ein erhöhter Harnsäurespiegel muß aber immer sehr ernst genommen werden. Er kann rund zehn Jahre scheinbar völlig harmlos sein, ehe es zu einem Gichtanfall kommt. In den meisten Fällen, das zeigt die Erfahrung, genügt es, den Harnsäurespiegel auch nur ein wenig abzusenken, um der Gicht wirksam vorzubeugen.
Sobald die Konzentration der Harnsäure im Blut einen gewissen Grad erreicht hat, bilden sich aus der Säure scharfkantige Kristalle, die vorwiegend dort liegenbleiben, wo das Blut am häufigsten im Stau zum Stehen gezwungen wird: in den untersten Gelenken des Körpers, in den Zehen. Viel zu oft werden erste Anfälle als »momentane Panne« abgetan – zumal es bis zu zwei Jahre dauern kann, ehe sie sich wiederholen. In der Zwischenzeit wird wertvolle Zeit vertan und das Übel verschlimmert sich.

Es gibt heute wirksame Medikamente, die eine hohe Konzentration der Harnsäure im Blut verhindern. Auch der Bankdirektor bekam sie von mir verabreicht. Gleichzeitig begannen wir mit der Heilfasten-Therapie. Sie räumt die bereits vorhandenen Kristalle aus den Gelenken. Und zwar so gründlich, daß es heute in keinem Fall mehr nötig sein sollte – was immer noch getan wird –, befallene Gelenke operativ zu versteifen.
Hansjürgen Z. ist seine Gicht in zwei Heilfasten-Therapien ganz losgeworden.
Für Leute, die zur Gicht neigen, ist an dieser Stelle eine Warnung nötig: Fasten führt nahezu immer zur Erhöhung der Harnsäurewerte. Wer deshalb zu Hause eine stark reduzierte Schlankheitsdiät auf eigene Faust durchführt, der sollte zuvor vom Arzt seinen Harnsäurespiegel feststellen lassen, damit er gegebenenfalls vorbeugend mit Medikamenten eingreifen kann. Auch nach dem Heilfasten senkt sich der Harnsäurespiegel erst etwa nach sechs Wochen auf einigermaßen normale Werte. Das muß man wissen – und beachten.

Infektanfälligkeit

Die folgende Erfahrung wiederholt sich oft am Tag, sogar mehrfach in der Begegnung mit gerade frisch angekommenen Patienten: Sie kommen, weil ein Leiden bedrohlich geworden ist – aber sie besitzen nicht nur diese eine Krankheit, sondern daneben auch noch drei, vier ernsthafte Gesundheitsstörungen, denen sie in aller Regel keinerlei Beachtung schenken. Meistens handelt es sich in solchen Fällen um Patienten zwischen dem 40. und 60. Lebensjahr. Der Arzt sieht sich ihnen gegenüber in der schwierigen Situation, entscheiden zu müssen, was nun zuerst angegangen werden soll. Kann man sich auf die Arteriosklerose konzentrieren, oder muß nicht zuerst die chronische Bronchitis, die verschleppte Virusinfektion, der Diabetes, die Fettleber behandelt werden?

Berthold B., 55, Handelsvertreter aus München, war zu uns nach Obertal gekommen, um sein Übergewicht zu reduzieren und so nebenbei, wie er sich ausdrückte, das gelegentliche Herzstechen loszuwerden. Er wußte nicht, daß er an fortgeschrittener Arteriosklerose litt. Er schenkte auch seinem »Reizhusten« keinerlei Beachtung. Seine Stimme war belegt. Er mußte sich während unserer Unterhaltung ständig räuspern, um die versteckten Atemwege freizubekommen. Ich bemerkte, daß sein Auswurf eitrig gelb war und fragte ihn: »Und wie lange haben Sie diese Bronchitis schon?« Er hob die Schultern und meinte lakonisch: »Ach das! Man wird eben alt. Das hat doch nichts zu bedeuten!«

Mein Patient hatte keine Ahnung, in welchem miserablen Gesundheitszustand er sich befand. Und er wollte das auch nicht wahrhaben. »Herr Doktor, ich bin täglich 14 Stunden unterwegs, schufte wie ein Pferd. Das könnte ein Kranker wohl nicht durchhalten. Reden Sie mir nicht ein, ich stünde kurz vor dem Grab!« sagte er geradezu beleidigt.

Ich reichte ihm einen Spiegel. »Betrachten Sie Ihre Haut. Es bilden sich auf ihr bereits Altersflecke. Hier, Sie haben Warzen, ein Zeichen für eine Virusinfektion. Ihre chronische Bronchitis ist ebenfalls ein Hinweis darauf, daß Ihr Immunsystem sich nicht mehr entschlossen zu wehren vermag. Ganz abgesehen von den übrigen Gebrechen: Sie haben mit Ihrer Gesundheit Raubbau getrieben. Sie stekken mitten in der Immuno-Pause. Wenn Sie nicht aufpassen, summieren sich Ihre zahlreichen Gesundheitsstörungen, die Sie noch für banal halten, zu einem ernsten Leiden, das dann nicht mehr so leicht aus der Welt zu schaffen ist.«

Ich versuchte, meinem Patienten seine Situation anschaulich zu erklären. Erst seit wenigen Jahrzehnten wissen wir um die zentrale Bedeutung des Immunsystems für unsere Gesundheit. Die Forschung ist dabei, immer neue Einsichten in diese Wunderwelt zu gewinnen. Doch soviel steht inzwischen fest: Dieses Immunsystem, gesteuert vom Zentralorgan Thymusdrüse, ist der eigentliche Arzt in unserem Körper. Es wehrt nicht nur die Angriffe der Krankheitserreger auf geradezu geniale Weise ab, schützt uns vor allen Angriffen von außen und Entartungen von innen, es kann weit darüber hinaus alles erkennen, was körpereigen ist und des Schutzes bedarf, was krank ist und beseitigt werden muß, was fremd ist und vernichtet werden muß. Wenn wir nach Infektionen und Verletzungen immer wieder wie von selbst gesund werden, verdanken wir das unserem Immunsystem.

Leider wird es von uns derartig übermäßig in Anspruch genommen, durch unsere Lebensweise in seiner Entfaltung immer wieder so massiv behindert, daß dieses System sich meist schon um die Mitte des Lebens erschöpft. Dann reagiert es zu schwach, zu heftig oder irritiert. Ich habe für diese große Gesundheitskrise, die oft schon nach dem 40. Lebensjahr zu beobachten ist, den Begriff Immuno-Pause geprägt. Es ist der Augenblick, in dem der Organismus anfängt, Infektionen nicht mehr mit der nötigen Entschlossenheit anzugehen, in dem akute Erkrankungen zu chronischen Leiden werden, in dem sich nach und nach auch die berüchtigten Alterskrebse zeigen.

Selbstverständlich müssen wir von klein auf lernen, dieses

Immunsystem zu trainieren, damit es hellwach und schlagkräftig bleibt und sein »Wissen« nicht einbüßt. (Näheres dazu finden Sie in meinem Buch »Immun-Training«.) Hier nur soviel: Es gibt die Möglichkeit, ein geschwächtes und irritiertes Immunsystem neu zu formieren. Das geschieht meiner Erfahrung nach am wirkungsvollsten mit einer kombinierten Immun-Therapie: Thymosand und Heilfasten. Wie dargelegt, wird das Immunsystem im Heilfasten von vielfältigen Pflichten entlastet, so daß es sich konzentriert den Heilaufgaben zuwenden kann. Ich bin überzeugt davon, daß in diesem Punkt, neben so vielen anderen, die eigentliche Bedeutung des Heilfastens überhaupt liegt. Ein Punkt, der früher weithin übersehen wurde. Unsere Erfahrungen bestätigen: Wer sich dem Heilfasten unterzogen hat, ist hinterher weit weniger anfällig für Infektionen. Das Heilfasten ist so gesehen eine unschätzbar wertvolle Vorbeugungs-Maßnahme gegen chronische Leiden – auch gegen Krebs. Um es noch einmal zu wiederholen: Man darf das Fasten nur nicht zu weit in die späteren Lebensjahre verschieben. Man sollte sich schon vor der Immuno-Pause dazu aufraffen, denn diese läßt sich damit deutlich in spätere Jahre verschieben, deutlich abschwächen, vielleicht sogar ganz verhindern.

Flankierende Heilmethoden während des Fastens

Das Fasten ist die einzige Therapie der Heilkunst, die ganz ohne Medikamente, ohne spezielle Anwendungen und Übungen auskommt. Es ist die sicherste Möglichkeit, die Heilkräfte des Körpers selbst zu wecken und ihnen den Weg zur vollen Wirksamkeit freizugeben. Das ist der einmalige, unschätzbare Vorteil des Heilfastens: nicht der geringste Eingriff in das Heilgeschehen von außen. Deshalb auch keine unliebsamen »Nebenwirkungen«, keine Gefahr einer Therapie in die falsche Richtung. Der Körper weiß besser als der tüchtigste und erfahrenste Arzt, was ihm fehlt und wie und wo er sich helfen muß.
Tatsächlich kann das Heilfasten ohne jedes Medikament – abgesehen von Vitalstoffen – und ohne besondere zusätzliche Heilmethode auskommen. Und das wird gelegentlich auch so gehandhabt, speziell dann, wenn der Fastende sich vorbeugend dieser Therapie unterzieht, wenn er also noch von keinem chronischen Leiden geplagt wird.
Meistens aber wenden wir doch flankierende Heilmethoden an, die den Sinn haben, Organe, die während des Fastens Besonderes zu leisten haben, zu stärken und das Fasten zu erleichtern.

Die Immun-Therapie mit organspezifischem Serum

Der ehemalige Konzertmeister Oskar V. aus Wien kommt alljährlich zu uns, um hier zu fasten. Mit 72 Jahren ist er nicht mehr gerade der Jüngste. Aus der Erfahrung wissen wir, daß seine etwas vergrößerte Leber jeweils bei der Aufgabe, die massiv anfallenden Abbaustoffe zu verkraften und Substanzen umzubilden, stark angestrengt wird. Deshalb geben wir ihm antikörperhaltige Leberserum-Injektionen. Was das ist und wie es wirkt, das will ich möglichst kurz und einfach zu erklären versuchen:

Vor etwa 60 Jahren sind die Wissenschaftler dahintergekommen, daß das Bindegewebe im menschlichen Körper nicht nur eine Stützfunktion besitzt, wie das bis dahin angenommen wurde, sondern daß es zugleich eine Art »Rüstkammer« des Körpers ist, in der sich alles findet, was der Körper zum Aufbau und zur Abwehr benötigt.

Wenn das aber so ist, so sagte man sich, dann müßte es doch möglich sein, die gewissermaßen embryonal vorhandenen Heilreserven zu aktivieren, zu mobilisieren, das Gewebe irgendwie zu »reizen«, damit es seine Schätze aufweckt und bei Heil- und Säuberungsprozessen einsetzt.

Und diese Möglichkeit wurde gefunden: Man nahm Bindegewebe von Unfallopfern und spritzte es ursprünglich Pferden, später Kaninchen. Das Blut der Tiere bildete gegen das fremde Gewebe Antikörper, also natürliche, spezielle Abwehrkräfte. Dieses so »aufgerüstete« Blut gab man schließlich Patienten – und erlebte tatsächlich überraschende Heilerfolge.

Es ist vor allem Professor Walter Menk zu verdanken, daß aus dem ursprünglichen Bindegewebsserum ein spezielles Antikörper-Serum wurde, das ganz gezielt nicht mehr nur

das Bindegewebe, sondern einzelne Organe zur verstärkten Aktivität »reizt«.
Seit nunmehr drei Jahrzehnten werden solche antikörperhaltigen Seren gegen vorzeitiges Altern, gegen Abnutzungserscheinungen und zur Beschleunigung von Heilungsprozessen eingesetzt. Mit guten Erfolgen. In den vielen Jahren meines ärztlichen Wirkens habe ich immer wieder die Bestätigung erfahren, daß Immunserum-Therapie als natürliche unterstützende Heilmethode außerordentlich hilfreich ist, so daß tatsächlich darauf vertraut werden kann, durch dieses Behandlungsverfahren »Keime neuer Jugendkraft« in einem gealterten und schwächlich gewordenen Organismus zu wecken und zur Entfaltung zu bringen.
Ziemlich lange stand ich der Immunserum-Therapie skeptisch gegenüber. Man hört und liest als Arzt zu oft von angeblichen »Wunderheilmitteln«, die bei den Patienten nur falsche Hoffnungen erwecken und dann doppelte Enttäuschung bringen.
Doch eines Tages übernahm ich die Vertretung eines Kollegen, der eine Serum-Therapie begonnen hatte und mich bat, sie bis zu seiner Rückkehr fortzusetzen. Der überwältigende Erfolg dieser Behandlung zwang mich einfach, mich näher mit diesem therapeutischen Konzept zu befassen. Dabei stieß ich auf wissenschaftlich einwandfrei dokumentierte Statistiken, die für sich sprachen. Professor Schächter aus Tel Aviv beispielsweise weist anhand von 6000 Behandlungen mit der Serumtherapie folgende »Erfolgsquoten« nach – wobei er als Erfolg nur die völlige Befreiung von allen Symptomen oder zumindest eine signifikante Besserung wertete:
Bei Bronchialasthma 60 Prozent, bei chronischen Kopfschmerzen 80 Prozent, bei vegetativer Dystonie 70 Pro-

zent, bei Durchblutungsstörungen 80 Prozent, bei Darmentzündungen 60 Prozent.
In dieser Statistik sind die Angaben der Patienten über subjektiv empfundene Befindensbesserungen noch nicht einmal enthalten. Tatsache ist aber, daß mir die überwältigende Mehrheit der Patienten, die mit einer Serum-Therapie behandelt wurden, meistens nicht sofort, aber doch etwa nach einem halben Jahr begeistert schreibt: »Mein Gedächtnis funktioniert wieder.« Oder: »Es ist, als hätte ich ein Verjüngungsbad genommen.«
Ich habe nun in Jahrzehnten der Anwendung die Erfahrung gemacht, daß sich gerade die Serumtherapie besonders wirkungsvoll mit dem Heilfasten kombinieren läßt: Das Serum normalisiert die Organfunktionen und bessert die Leistungsfähigkeit des gesamten Organismus. Das Heilfasten reinigt den Körper und gibt somit den Organen den Weg frei, das normale Funktionieren voll durchzusetzen und beizubehalten.
Man könnte es auch so formulieren. Der Körper, der beim Fasten von sich aus bemüht ist, die Behinderungen, die ein einwandfreies Funktionieren blockieren, wegzuräumen, wird mit rein biologischen Präparaten, also nicht etwa mit chemischen Medikamenten, in dieser Arbeit voll unterstützt. Der Heilungsprozeß erfolgt sozusagen von zwei Seiten her.
Die Organseren sind vollkommen frei von schädlichen Nebenwirkungen. Bei ihrer Anwendung gibt es keinerlei entzündliche Reaktionen, keine Fieberschübe, keinerlei Zwischenfälle.
Ich wende die Serumtherapie neben dem Heilfasten nicht nur zur Revitalisierung an, zur Behandlung von – »Altersbeschwerden«, sondern auch überall dort, wo sich bereits chronische Leiden festgesetzt haben. Also beispielsweise

- bei Allergien, darunter Asthma, Dickdarmentzündungen, Heuschnupfen, chronischen Ekzemen;
- bei Durchblutungsstörungen des Gehirns, Durchblutungsstörungen in Gliedmaßen;
- bei der Angina pectoris;
- bei hormonellen Störungen, die etwa zu einer Akne führen;
- bei Drüsenfunktionsstörungen, etwa einer Unterfunktion der Eierstöcke;
- bei einer Prostatavergrößerung;
- bei Verdauungsschwäche;
- bei Rheuma-Erkrankungen;
- bei chronischer Schlaflosigkeit;
- bei nervlichen und körperlichen Erschöpfungszuständen;
- bei Neuralgien, bei Migräne, Ischias;
- bei Altersdepressionen;
- bei Stoffwechselstörungen, usw.

Allein diese Aufzählung zeigt schon: In der Regel kommt die Serumtherapie überall dort zur Anwendung, wo andere Mittel und Therapien alleine nicht wirken.
Wir stehen damit nicht in Konkurrenz zur medizinischen Betreuung im Krankenhaus und in den Arztpraxen, sondern wir bieten eine ergänzende Heilmethode an.
Lassen Sie mich das, damit kein Mißverständnis aufkommen kann, in einer Zwischenbemerkung erklären: Wenn wir heute von Krankheiten sprechen, dann umfaßt dieser Begriff zweierlei Störungen der Gesundheit, die im Grunde nicht direkt etwas miteinander zu tun haben, weshalb es auch an der Zeit wäre, sie voneinander zu trennen:
Auf der einen Seite gibt es die akuten Erkrankungen wie Erkältungen, Entzündungen bis hin zu lebensbedrohenden Infektionen, Vergiftungen, Organversagen.

Hier einzugreifen und den Tod abzuwenden, ist der moderne Mediziner mit seinen zahllosen wunderbaren Mitteln und Möglichkeiten gefordert. Was die Medizin heute auf diesem Gebiet zu leisten vermag, das kann nicht hoch genug gewertet werden. Denken wir nur an den Segen der Antibiotika und vieler anderer Medikamente. Denken wir an die riesigen Entwicklungen auf chirurgischem und diagnostischem Sektor.
Nur: Zwei wesentliche Tatsachen werden bei dieser ärztlichen Behandlung vor allem von den Patienten immer wieder übersehen: Das ist zum ersten die Einsicht, daß eine akute Erkrankung in den seltensten Fällen eine Katastrophe, sondern im Gegenteil etwas sehr Positives darstellt, eine »Krise«, die mir aufzeigt, daß irgend etwas in meinem Leben, in meiner Lebensauffassung nicht stimmt.
Diese Krise zeigt mir zugleich, daß mein Körper wach, das heißt imstande ist, sich energisch zur Wehr zu setzen. Fieber, Entzündungen, auch Schmerzen sind in diesem Fall begrüßenswerte Symptome. Nicht das Virus, die Bakterien haben sie ausgelöst, sondern der kraftvoll gegen sie ankämpfende Körper. Deshalb wäre es auch falsch, das Fieber unter allen Umständen zu senken und Entzündungen zu unterdrücken. Wir würden damit die Heilkräfte des Körpers nur massiv behindern.
Wirklich gefährdet ist unsere Gesundheit erst dann, wenn der Körper sich nicht mehr aufzubäumen vermag, wenn wir nach Infektionen beispielsweise nicht mehr krank werden.
Zum zweiten übersehen Patienten, die akut krank waren und vom Arzt mit starken Medikamenten oder gar der Spritze von den lästigen Symptomen befreit wurden, daß sie damit noch keineswegs gesund sind, daß sie jetzt eigentlich erst beginnen müßten, energisch etwas zur völli-

gen Wiederherstellung der Gesundheit zu unternehmen. Doch wer, der sich nicht krank fühlt, ist bereit, sich um seine Gesundheit zu bemühen?
So kommt es, daß heute viel zu viele akute Krankheiten nicht mehr auskuriert werden, daß wir alle, weil wir weder Zeit noch die Energie aufbringen, von einer Krankheit in die andere stolpern, immer nur die Symptome verwischen, um schmerzfrei und fieberfrei zu sein.
Genau hier geraten wir dann in die chronischen Leiden, die zweite und fast immer viel schlimmere Art der Erkrankungen. Das ist das, was man früher als Siechtum bezeichnete: Der Körper ist aus eigener Kraft nicht mehr imstande, mit festgefahrenen Übeln fertig zu werden. Er muß in bestimmten Bezirken ständig Infektionen, Verschmutzungen, Fehlfunktionen, Fehlentwicklungen dulden.
Gegen diese chronischen Leiden aber, daran kann es keinen Zweifel geben, vermag die moderne Medizin mit all ihren Mitteln, Apparaten, chirurgischen Fertigkeiten manchmal wenig auszurichten. Sie kann den bösartigen Tumor zwar wegschneiden, etwa vorhandene Krebszellen zu Tode strahlen oder mit chemischen Waffen vernichten. Doch weil sie nicht zur eigentlichen Ursache der Krebsentstehung vordringt, kann sie das Heranwachsen eines neuen Tumors oft nicht verhindern.
Sie kann bei Rheumaerkrankungen die Schmerzen lindern, doch sie vermag das Leiden nicht zu heilen. Es gibt kein Rheuma-Heilmittel.
Hier ist nun der Arzt gefordert, der den Körper zur Fähigkeit zurückzuführen vermag, sich wieder selbst zu helfen. Denn es gibt nur eine einzige Heilung: jene, die der Körper selbst bewirkt.
Der Arzt mit reichen Erfahrungen in den meistens uralten Naturheilverfahren wird versuchen, zunächst einmal die

Gesundheit zu erhalten und dafür zu sorgen, daß es nicht zur chronischen Erkrankung kommt. Das Heilfasten spielt dabei eine ganz besondere, hervorragende Rolle. Die Serumtherapie ist eine wunderbare Ergänzung dazu. Es gilt heute wie vor 2000 Jahren, was der griechische Arzt Galenos (130–205 nach Christus) festgestellt hat: »Es gibt zwar eine Wissenschaft vom menschlichen Körper. Sie hat aber zwei hervorragende und besondere Teilgebiete: Das eine ist die Gesundheitspflege, das andere die Heilkunde. Beide verhalten sich in ihren Auswirkungen verschieden, denn das eine bedeutet ja, den bestehenden Zustand zu erhalten, das andere will die Krankheit verhindern. Da der Zeit wie der Wertschätzung nach die Gesundheit vor der Krankheit kommt, müssen wir doch wohl zuerst darauf schauen, wie man sie bewahren kann. Erst in zweiter Linie steht dann der Versuch, die Krankheit zu heilen.«

Deshalb versuchen wir immer und immer wieder, darauf hinzuweisen, daß es eben falsch ist, darauf zu warten, bis man auf der Nase liegt, daß es keinen Luxus darstellt, Jahr für Jahr etwas zur Erhaltung der Gesundheit zu unternehmen, daß die Gesundheit, unser höchstes irdisches Gut, es wert sein sollte, für sie Zeit und Geld zu investieren.

Daneben bieten die Naturheilverfahren wie speziell das Heilfasten, ergänzt durch die Serumtherapie, hervorragende Möglichkeiten, chronische Leiden positiv zu beeinflussen, bei günstigen Voraussetzungen sogar zu heilen.

Wäre es nicht längst an der Zeit, daß der alte Streit zwischen »Schulmedizin« und »Außenseitermethoden« endlich begraben wird und beide Seiten darangehen, Hand in Hand miteinander zu wirken – zum Segen der Patienten, damit die Gesundheitsmisere unserer Tage bewältigt werden kann? Bei uns in Obertal ist der Graben längst überbrückt. Wir bieten die älteste Naturheilmethode, kontrolliert mit modernster Labortechnik, eingepaßt in die medizinische Wissenschaft unserer Tage.

Doch zurück zur Organserumtherapie. Man könnte ihr »Funktionieren« etwa so erklären: Dadurch, daß wir ein spezielles Organ in Not mit spezifischen Antikörpern »reizen«, lenken wir gewissermaßen die Aufmerksamkeit der Heilkräfte während des Fastens auf diese »Schwachstelle«. Das betroffene Zielorgan sieht sich Antikörpern gegenüber, die sich nicht gegen Viren oder Bakterien, sondern gegen das Organ selbst richten. Die spezifischen, zellgebundenen Abwehrkräfte werden mobilisiert, um diesem Angriff wirksam begegnen zu können. Auf diese Weise werden nicht nur Immunfaktoren »aufgeweckt«, sondern die Zellaktivität insgesamt angeregt.

Im Mittelpunkt solcher Maßnahmen steht die Behandlung des Fastenden mit dem Leberserum, weil, wie gesehen, die Leber als Entgiftungsorgan und als biochemisches Labor während des Fastens besondere Arbeit zu leisten hat. Wie groß diese Anstrengungen sind, zeigt die Tatsache, daß ein Fastender schon von einem einzigen Gläschen Schnaps betrunken wäre.

Das Leberserum ergänzt und verstärkt also die Wirkung des Leberwickels.

Insgesamt stehen uns heute 12 spezifische Organseren zur Verfügung, zwei Kombinationsseren und ein Serum zur Aktivierung des Bindegewebes. Die stark verdünnten Injektionen muß man nicht etwa direkt in das Ziel-Organ injizieren. Die Antikörper steuern es auf direktestem Weg selbst an. In aller Regel gibt man die Injektionen deshalb in die organkorrespondierenden Segmente der Rückenhaut, nämlich in die sogenannten Headschen Zonen.

Die Serum-Präparate sind standardisierte Fertigarzneimittel, die ständig überprüft werden und der Kontrolle des

Paul-Ehrlich-Instituts unterliegen. Dieses Bundesamt für Seren und Impfstoffe ist eine Behörde des Bundesgesundheitsamtes. Eine Serumtherapie dauert etwa drei Wochen.

Die Immun-Therapie mit Thymusfaktoren

Der Begriff THX ist vor Jahrzehnten weltberühmt geworden, nachdem der Schwede Dr. Elis Sandberg einen Gesamtextrakt aus Thymusdrüsen gesunder junger Kälber entwickelt und damit geradezu sensationelle Heilerfolge erzielt hatte. Ich bin Dr. Sandberg mehrfach persönlich begegnet und habe mit ihm über Jahre hinweg sehr lebhafte Diskussionen über seine Therapie geführt. Seine bahnbrechende Entdeckung, vielleicht eine der wichtigsten medizinischen Einsichten unseres Jahrhunderts, ist die Erkenntnis: Fehler und Irritationen des Immunsystems lassen sich korrigieren, indem man dem Organismus die fehlenden Faktoren der verkümmerten Thymusdrüse zuführt.

Im Grunde ist es beim Immunsystem nicht viel anders als beim Zuckerstoffwechsel. Wenn die Inselzellen der Bauchspeicheldrüse nicht mehr ausreichend Insulin zur Verfügung stellen können, kann man die fehlende hormonähnliche Substanz, das Insulin, dem Körper von außen geben. Damit funktioniert der Zuckerstoffwechsel dann wieder. Der Unterschied zwischen den Inselzellen und der Thymusdrüse liegt nur darin, daß das Zentralorgan des Immunsystems nicht etwa nur ein einziges Hormon produziert, sondern eine Vielzahl von Thymosinen, Peptiden und Enzymen. Einige dieser Faktoren, wie etwa das Thymosin alpha 1, konnte man mittlerweile isolieren und gezielt einsetzen. Inzwischen bekommen die Wissen-

schaftler immer noch präzisere Einsichten in die Wirkweise der einzelnen Faktoren. Die Forschungsarbeiten laufen weltweit auf Hochtouren.
Wir Ärzte am Schwarzwald Sanatorium Obertal haben, aufbauend auf den Erfahrungen des schwedischen Thymusforschers Dr. Elis Sandberg, aus seinem Thymusgesamtextrakt das immunaktive Präparat Thymosand entwickelt, das in einem eigenen Pharmalabor nach einem besonderen proteintechnologischen Produktions- und Prüfverfahren hergestellt wird. Das validierte Herstellungsverfahren gewährleistet nicht nur die Reinheit des Präparates, sondern auch die Arzneimittelsicherheit. Es enthält keine Zusätze zur Haltbarmachung und ist standardisiert, so daß jede Injektion die gleiche Qualität besitzt. Seit 1977 wurden bei uns über eine Million Thymosand-Injektionen verabreicht mit zahllosen überzeugenden Behandlungserfolgen. Die biologischen Wirkstoffe von Thymosand sind der Substanzklasse »Biological Response Modifier« (BRM) zuzurechnen, was gleichbedeutend ist mit Bioregulatoren.
Wir wenden diese Therapie immer dann an, wenn bei einem Patienten das Immunsystem geschwächt, seinen Aufgaben nicht mehr gewachsen ist, wenn es, etwa in einer Krebsbehandlung, stark dezimiert wurde, oder wenn es durch eine Irritation falsch reagiert. Thymosand wird also verabreicht in der Krebsvor- und -nachsorge, bei Virusinfektionen, bei chronischen Leiden wie etwa Rheuma, bei Allergien, und bei Infektanfälligkeit. Es hat sich gezeigt, daß sich diese Therapie besonders gut mit dem Heilfasten kombinieren läßt.
Aufgrund jahrzehntelanger Erfahrung hat sich dabei folgendes Immuntherapieschema als besonders wirksam erwiesen: Wer sein Immunsystem regulieren möchte, findet sich für 14–21 Tage bei uns ein. In der ersten Behandlungs-

phase erhält er zwischen 15 und 20 intramuskuläre Injektionen genau angepaßter Dosierung von 1 bis 5 Milliliter. Der Patient bekommt also täglich eine Spritze, deren Dosierung von seinem Körpergewicht und seinem Gesundheitszustand abhängt. Wird diese erste Regulierung des Immunsystems rechtzeitig vorgenommen, kann das ausreichen, einen wieder perfekt funktionierenden Immunstatus für Jahre zurückzugewinnen. Bei fortgeschrittenen chronischen Leiden reicht aber eine einmalige Grundbehandlung nicht aus. Sie muß deshalb in halbjährlichem Intervall mit jeweils fünf bis zehn Thymosand-Injektionen wiederholt werden.

Autogenes Training

Mehrfach ist es schon angeklungen: Eine ganz wichtige Voraussetzung dafür, daß die Heilfasten-Therapie zur vollen Wirkung gelangen kann, ist das Gewinnen der inneren Ruhe. Der Fastende muß zu sich selbst finden. Seele, Geist und Körper müssen in Einklang gebracht werden. Wenn auch das Heilfasten und die begleitenden Therapien nicht hoch genug eingeschätzt werden können und sehr oft überraschend schnell und gründlich helfen, so sind sie doch immer wieder in Frage gestellt, solange der Körper vom Kopf und von der Seele falsche, nämlich drosselnde, supprimierende Signale erhält. Der noch ganz junge neue medizinische Wissenschaftsbereich »Psycho-Neuro-Immunologie« hat bestätigt, was die großen Ärzte aller Zeiten immer schon behauptet haben: Der Körper kann und darf nicht heilend tätig werden, solange die höheren Instanzen, Geist und Seele, nicht ihre Einwilligung geben. Heilung geht immer vom Kopf aus. Ein einziger flüchtiger Gedanke der Resignation, ein winziger Funke Angst, ein einziger stummer Zweifel an der Wirksamkeit der Behandlung kann alles blockieren. Wir wissen heute, daß es von Gehirnzentren aus ganz direkte Verbindungen zum Nervensystem und über dieses mit dem Immunsystem gibt. Bei negativen Gedanken und Regungen werden über diese »Leitung« Boten ausgesandt, die zur Aktivität auffordern oder jede Art von Aktion verbieten. Aus diesem Grund kann es keine Heilung ohne die richtige Einstellung, ohne positive Ausrichtung geben.

Um diesen Schritt zu erleichtern, gebe ich den Fastenden zweimal in der Woche eine Anleitung zum Autogenen Training mit der Aufforderung, die Übungen täglich selbständig in der Stille zu erleben. Die meisten Patienten lernen so schnell, daß sie nach kurzer Zeit nur noch wenige Sekunden brauchen, um ganz ruhig zu werden. Und sie schätzen das Autogene Training bald so sehr, daß sie es als Bestandteil ihres Lebens mitnehmen.

Das Autogene Training hat das Ziel, dem verwirrenden Ansturm von Reizen und Bedrohungen auf Seele und Geist Einhalt zu gebieten, damit es möglich wird, sich ganz auf ein gesundes Funktionieren des Körpers zu konzentrieren, ja mit ihm regelrecht aufmunternd ins Gespräch zu kommen. Der Patient muß lernen, dem autonomen Nervensystem die richtigen Signale zukommen zu lassen.

Das hört sich kompliziert an, ist jedoch höchst einfach. Mit einfachsten Übungen läßt sich erreichen, daß die Atmung tiefer und ruhiger wird, der Herzschlag sich automatisch dieser Ruhe anpaßt und viele Stoffwechselprozesse im Gefolge ebenso ihre hektische Gangart aufgeben. Allerdings ist dazu eine gewisse Abschirmung vom Alltag und eine ruhige Umgebung nötig. Das Heilfasten ist ein besonders günstiger Augenblick, mit dem Autogenen Training zu be-

ginnen. Man hat ja plötzlich Zeit. Und auch alle anderen Voraussetzungen sind gegeben. Wer gelernt hat, keinen Tag ohne kurze Sammlung, einer kleinen Meditation, ohne die besänftigende Zwiesprache mit dem Körper zu beginnen, der ist den Anforderungen, die im Alltag auf ihn warten, ganz anders gewachsen. Ich weiß, daß Manager in führender Position, die bei uns die so hilfreiche Möglichkeit des Autogenen Trainings erlernt haben, keine Konferenz, keine Verhandlung führen und keine schwerwiegenden Entscheidungen treffen, ohne zuvor diese kleine Übung der Sammlung vorgenommen zu haben. Die in unserer Klinik konzipierte und erhältliche Audio-Cassette zum Autogenen Training kann hilfreich sein, das eigenständige Üben zu unterstützen und zu intensivieren.
Dem, der das Autogene Training nicht kennt, mag es verrückt vorkommen, sich mit seinem Immunsystem zu unterhalten, ihm Zuversicht und Entschlossenheit einzuprägen. Dem, der es kennt, ist so etwas völlig selbstverständlich geworden. Er hat erfahren, wie »hellhörig« unser Organismus ist und wie notwendig er die seelische Zuwendung braucht. Im Heilfasten muß dieser Kontakt gefunden werden. Erst dann schafft es den neuen Menschen.

Was ich meinen Patienten mitgebe

Die Heilfasten-Therapie ist mit dem Fastenbrechen keineswegs zu Ende. Dem Fasten folgen die nicht minder wichtigen Aufbautage, die genauso lange dauern wie das Fasten selbst. Wenigstens fünf Tage davon sollten noch in der Klinik verbracht werden, damit dem Fasten ein nachhaltiger und bleibender Erfolg beschieden ist. Würde der Patient sich nämlich unbesonnen auf das Essen und in die Arbeit stürzen, die falschen Speisen – etwa Fleisch und Fett – zu sich nehmen und sich verstärktem Streß ausliefern, dem er während des Fastens so erfolgreich entkommen war, dann wäre es sehr schnell vorbei mit dem erfahrenen Wohlgefühl, mit dem Erlebnis der Befreiung. Er müßte die Unbeherrschtheit mit erheblichem Mißbefinden, im schlimmsten Fall sogar mit einem Rückfall in die Krankheit büßen.
Die Nahrungsaufnahme nach dem Fasten bedeutet für den Organismus zunächst eine Belastung. Er hat erhebliche Anpassungsarbeit zu leisten. Deshalb muß er sehr behutsam an die Nahrung herangeführt werden.
Um diese Rückgewöhnung zu erleichtern und dem Patienten genau das zu geben, was er in dieser Phase braucht – um ihm auch beizubringen, wie eine gesunde Nahrung überhaupt aussieht –, haben wir Fastenärzte in jahrzehntelanger Erfahrung Diätpläne entwickelt, die genau dem stu-

fenweisen Aufbau und den besonderen Bedürfnissen des Körpers entsprechen. Sie steigern sich von 700 Kilokalorien (2940 Joule) am ersten Aufbautag auf 1000 Kalorien (4200 Joule) am zweiten, auf 1400 Kilokalorien (5880 Joule) in den nachfolgenden Tagen.
Dieses Essen wird in der Regel von denen, die gefastet haben, als überaus reichlich empfunden. Manch einer ißt sogar nur einen Teil davon.
In diesen ersten Aufbautagen werden Fisch und Fleisch noch ganz ausgespart. Eiweiß bekommt der Körper in Form von Quark, später Käse und Milch.
Nach Hause zurückgekehrt muß der ehemalige Patient aber nun keineswegs Vegetarier werden, sondern er soll ruhig das essen, was ihm schmeckt – dabei aber einige der wichtigsten Regeln einer gesunden Ernährung einhalten.

Zwei Kilogramm Gewichtszunahme sind normal

Zunächst muß er wissen, daß sich sein Körpergewicht innerhalb von etwa 14 Tagen wieder um etwa zwei Kilogramm erhöhen wird. Das sind nicht bereits neue Fettpolster, sondern es handelt sich bei diesem zusätzlichen Gewicht ganz einfach um die Magen-Darmfüllung mit der Nahrung und um geringfügige Wasseraufnahmen durch das Gewebe. Eine Gewichtszunahme bis zu zwei Kilogramm ist also kein Grund zur Beunruhigung, sondern etwas ganz Normales. Danach sollte das Körpergewicht allerdings nicht mehr ansteigen. Schon bei der Aufnahme des Patienten rechne ich ihm ganz individuell nach seiner Statur und nach seinem Typ sein ganz persönliches Normalgewicht aus. Das kann unter Umständen von den üblichen Tabellen mit dem angeblich richtigen Normalgewicht abweichen. Ein eher untersetzter Typ wäre bei diesem Gewicht geradezu untergewichtig. Er könnte dieses »Ideal« deshalb auch nicht ohne erhebliche Schwierigkeiten halten.

Das errechnete, persönliche Normalgewicht sollte nach der Heilfasten-Therapie aber eingehalten werden. Das bedeutet: Der Heimgekehrte muß fortan täglich mit der Waage leben. Der Schritt auf sie zur Gewichtskontrolle muß selbstverständlich werden, weil es ungemein wichtig ist, daß kleine Fehler umgehend korrigiert werden.

Das Leben soll und darf nicht aus ständigem Verzicht und belastendem Nichtgönnen bestehen. Deshalb sage ich immer: »Sie dürfen schon einmal, wenn es Ihnen so richtig schmeckt, einen Bissen zuviel hinunterschlucken. Aber halten Sie sich daran, daß Sie am nachfolgenden Tag die Bilanz wieder korrigieren. Das heißt beispielsweise: Ißt man etwa an einem Festtag das Doppelte von dem, was richtig wäre, dann läßt man am nächsten Tag eben eine Mahlzeit ausfallen.«

Das Gleichgewicht zwischen Nahrungsaufnahme und Bedarf ist dann relativ leicht zu halten, wenn man in jeder Woche einen Obsttag einlegt. An diesem Tag sollte man nichts anderes verspeisen als etwa drei, vier Äpfel, nichts anderes trinken als Mineralwasser, Tee. Hat man sich erst einmal an solche Tage gewöhnt, empfindet man sie geradezu als Erholungstage, die man nicht mehr missen möchte. Beginnt man damit nach dem Heilfasten noch während der Aufbauphase, bereiten sie in aller Regel nicht die geringsten Schwierigkeiten.

Mein Grundsatz für die Ernährung lautet: Das Kalorienkonto sollte im Gegensatz zum Bankkonto rote Zahlen aufweisen: weniger einnehmen, mehr verbrauchen!

Deshalb gebe ich den Heimkehrenden auch den dringenden Rat mit: Gehen Sie täglich – ganz unabhängig vom Wetter – eine volle Stunde spazieren. Und zwar so zügig, daß Sie dabei etwas aus der Puste geraten.

Meine Essensregeln

Als Regeln für eine gesunde Ernährung gebe ich meinen Patienten folgendes mit auf den Weg:

- Frühstücken Sie wie ein König. Speisen Sie mittags wie ein Bürger, abends wie ein Bettler.
- Variieren Sie Ihre Kost, achten Sie vor allem darauf, daß sie vom Gehalt her nicht einseitig wird. Jede Eintönigkeit im Essen ist zugleich gesundheitsgefährdend. Verzehren Sie möglichst viel »lebendige« Nahrung, das bedeutet: Frischkost, rohes Gemüse, möglichst frisches Obst. Wenigstens einmal am Tag sollte die gekochte Nahrung mit etwas Frischem, Ungekochtem ergänzt werden. Bedenken Sie aber, daß Frischkost, wie alles Hochwertige, sehr empfindlich ist und seine »Vitalstoffe« an der Luft, im Licht, in der Hitze schnell verliert. Besorgen Sie sich deshalb Frischkost für jede Mahlzeit frisch. Gelagert hat sie nur noch einen Bruchteil ihres ursprünglichen Wertes.
- Ergänzen Sie zumindest während der Aufbauphase Ihre Speisen mit Enzymen. Sie fördern die Verdauung und regeln nahezu alle biochemischen Prozesse im Körper.
- Vergessen Sie den Erziehungsgrundsatz: »Was auf dem Teller liegt, wird gegessen!« Hören Sie auf zu essen, sobald Sie die ersten Sättigungssignale verspüren. Es ist besser, das, was zuviel wäre, geht zugrunde, als daß es Ihre Gesundheit ruiniert.
- Meiden Sie beim Essen jede Hetze, und speisen Sie

nicht »nebenher«. Die Verdauung beginnt im Mund. Deshalb ist es nötig, jede Speise gründlich zu kauen, gut einzuspeicheln. Wer sich dem Geschmack der Speisen liebevoll widmet, langsam und schweigend ißt, wird auch am Einfachen wieder Freude haben.

- Während des Fastens ist Ihr Geschmackssinn »gereinigt« worden. Er ist wieder in der Lage, feinste Nuancen, die längst verloren waren, wahrzunehmen. Erhalten Sie sich diese Sinnesschärfung, indem Sie das Salz weitgehend durch Kräuter ersetzen und, wenn überhaupt, nur sehr sparsam, ja geizig mit Meersalz oder Diätsalz würzen.
- Nach 21 Uhr abends sollten Sie grundsätzlich nichts mehr essen. Es würde nur schlecht verdaut werden und den Schlaf stören.
- Obstsäfte sind gesund. Aber achten Sie darauf, daß Sie nie mehr davon trinken, als Sie mit frischem Obst aufnehmen würden.
- Schränken Sie den Alkoholgenuß ein. Ein Gläschen Wein täglich kann allerdings geradezu Medizin sein.

Und noch ein paar Regeln

- Während des Heilfastens ist das Rauchen verboten – für viele Raucher eine günstige Gelegenheit, von der Zigarette wegzukommen, und zwar auf relativ unproblematische Weise. Wichtig ist nun, daß man nach dem Fasten nicht sofort wieder zur Zigarette greift, sondern dabei bleibt, sich die erste Zigarette zu verweigern. Situationen der Versuchung sind vor allem Gesellschaften, in denen geraucht wird, der Augenblick nach einem guten Essen, Begegnungen mit Rauchern. Nehmen Sie sich fest vor, die angebotene Zigarette entschieden abzulehnen.

- Lernen Sie, das Fernsehgerät vernünftig zu benutzen. Das heißt: Sehen Sie nicht jedes Programm bis zum Sendeschluß. Sie müssen vor dem Schlafengehen zur inneren Ruhe finden. Aufregende Fernsehsendungen bei unbeweglichem Davorsitzen stellen aber einen recht hohen Streß dar, der nicht mehr abgebaut werden kann. Die Folgen sind Schlafstörungen – und Stoffwechselstörungen! Wählen Sie deshalb das, was Sie sehen wollen, gezielt aus, und lassen Sie wenigstens an einem Tag der Woche das Fernsehgerät ausgeschaltet.
- Wenn Sie sich sehr geärgert haben oder sich in großer Aufregung befanden, dann setzen Sie sich nicht an den Tisch, um eine üppige Mahlzeit hinunterzuwürgen. Besser ist es, Sie reagieren sich zuerst ab, treiben Sport oder Sie gehen zügig spazieren. Solange man innerlich erregt ist, sollte man grundsätzlich nicht essen. Das Essen würde nur schwer im Magen liegen, der sowieso schon erhöhte Blutzuckerspiegel würde noch mehr ansteigen und massive Insulinausschüttungen bewirken.

Beispiele für Fastentage zu Hause

Es wurde schon darauf hingewiesen: Das Heilfasten ist nur unter Betreuung des Fastenarztes möglich. Ein einzelner Fastentag, gelegentlich zu Hause eingeschoben, kann jedoch problemlos ohne ärztliche Kontrolle durchgeführt werden, ohne daß eine Schädigung zu befürchten wäre. Richtig durchgeführt wird er zu einem Heiltag. Am besten wählen Sie dazu einen Tag aus, an dem Sie sich ein wenig Ruhe gönnen können. Falls Sie an solchen Tagen nicht speisen wollen, wie wir es für die Aufbautage schon skizziert haben, dann bieten sich folgende Beispiele an:

Quarktag
Statt des üblichen Mittagessens verspeisen Sie mittags 250 Gramm Magerquark mit frischen Kräutern, abends die gleiche Menge schaumig geschlagen und mit Preiselbeeren oder zerhackten Frischfrüchten unterzogen.

Salattag
Das Mittagessen wird ersetzt durch einen gemischten Gemüsesalat mit Öl, aber ohne Mayonnaise, und frischen Kräutern. Abends gibt es einen Obstsalat aus Früchten der Saison, ohne Zucker, Bananen und Nüsse.

Hähnchentag
Das Mittagessen besteht aus einem halben gegrillten Hähnchen, das Sie ohne Haut, mit frischen Tomaten verzehren. Abends essen Sie die zweite Hähnchen-Hälfte mit einer Scheibe Ananas.

Reistag
Das Mittagessen besteht aus einem Beutel Reis mit einer kleinen Butterflocke, frischen Kräutern oder Champignons. Abends gibt es dieselbe Menge Reis mit Apfelmus, das nur wenig gesüßt ist. Dieser Tag empfiehlt sich vor allem Menschen mit einem zu hohen Blutdruck und zur Entwässerung.

Sauerkrauttag
Das Mittagessen besteht aus einem Pfund gekochtem Sauerkraut, das warm mit einer kleinen Kalbfleischwurst gegessen wird.
Abends: Sauerkrautsalat.

Kartoffeltag
Als Mittagessen gibt es drei mittelgroße Pellkartoffeln mit 100 Gramm Kräuterquark.

Solche Speisepläne sollen nur Beispiele sein, die aufzeigen, wie man einen gesunden Fasten- oder Entlastungstag gestalten kann, ohne daß man hungern und auf Speisengenuß verzichten müßte. Ganz wichtig ist, daß man wenigstens ab und zu beim Essen die heiße Suppe durch einen Gemüsesalat oder ein Müsli ersetzt. Es ist wesentlich gesünder, nimmt den größten Hunger, so daß man später automatisch weniger ißt – und es ist eine Variation, die schmeckt.
Denn, um es noch einmal zu betonen: Fasten wird von vornherein unwirksam, wenn es nur Unlust erzeugt!
Und auch darauf weise ich meine Patienten hin: Ein halbes Jahr lang werden Sie sich vorbildlich halten, an all das denken, was Sie hier gelernt haben.
Vorsicht! Wenn Sie nicht aufpassen, kommt dann ein deutlicher Knick mit der Gefahr, in früheres Fehlverhalten zurückzufallen. Kreuzen Sie also von vornherein das kritische Datum in Ihrem Kalender rot an. Legen Sie dann einen Fastentag ein mit dem Vorsatz, Bilanz zu ziehen: Wo stehe ich? Was habe ich bereits wieder aufgegeben? Wie steht es um mein Gewicht? Wo muß ich korrigieren?
Viele, die zu uns zurückkehren, berichten nämlich, daß sie ziemlich genau nach einem halben Jahr eben nicht mehr auf die Waage gingen. Und damit fängt die Nachlässigkeit im Umgang mit der eigenen Gesundheit an. Dann wächst das Risiko, daß man wieder zu rauchen beginnt, zuviel verspeist und sich dem längst überwundenen Schlendrian wieder hingibt.
Für nicht eben wenige Patienten ist aus diesem Grund das

Heilfasten geradezu zu einer Notwendigkeit geworden, die sie in regelmäßigen Abständen brauchen. Sie kommen alle zwei oder drei Jahre. Nicht unbedingt, weil sie sich unwohl oder gar krank fühlen würden, sondern weil sie in allererster Linie den Moment der Besinnung, der Bilanzierung, der neuen Ausrichtung brauchen. Es muß, so sagen sie, wieder ein Ruck durch den ganzen Menschen gehen. Es muß ein neuer Anfang gesetzt werden, in dem alles, was sich zwischenzeitlich wieder an Nachlässigkeiten und Schlampereien angesammelt hat, ausgeräumt wird. Dieses Anfang-Setzen gilt, wie könnte es anders sein, für alle Bereiche des menschlichen Lebens. Denn es darf nichts, überhaupt nichts ausgespart werden. Gesund auf Dauer ist nur, wer seine Lebensziele kennt, ein heiteres Gemüt besitzt und sich vernünftig ernährt.

Literaturhinweise

Geesing, H.: »Rheuma – vorbeugen, lindern, heilen.« Humboldt-Taschenbuchverlag, München, 1979.

–: »Neue Lebenskraft.« Heyne Verlag, München, 4. Auflage 1988.

–: »Allergie-Stop. So findet Ihr Immunsystem die richtigen Antworten auf die Umwelt.« Herbig Verlag, München, 2. Auflage 1989.

–: »Herz-Fit. Wie Sie mit einem gesunden Kreislauf ein Leben lang jung bleiben.« Herbig Verlag, München, 2. Auflage 1989.

–: »Immun-Training. So stärken Sie Ihre körpereigenen Abwehrkräfte.« Herbig Verlag, München, 9., völlig neu gefaßte und aktualisierte Auflage 1990.

–: »Enzyme. Die beste Waffe des Körpers.« Herbig Verlag, München, 1990.

–: »Gegen Viren wehren. Nur Ihr Körper kann es – so helfen Sie ihm dabei.« BLV-Verlag, München, 1991.

–: »Das Leben in Hochform genießen. PEP UP für Körper und Seele. Das neue Ernährungsprogramm.« BLV-Verlag, München, 1992.

Pflugbeil, K. J./Niestroj, I.: »Vital-Plus.« Herbig Verlag, München, 4. Auflage 1991.

–: »Aufrecht durchs Leben. Therapie und Training für Wirbelsäule, Gelenke und Knochen.« BLV-Verlag, München, 1992.

Stichwortregister